Kohlhammer

Karsten Kilian

Marken erfolgreich managen

Mehr Markenerfolg mit BEST IDEAS

Verlag W. Kohlhammer

1. Auflage 2024

Gesamtherstellung: W. Kohlhammer GmbH, Stuttgart

Print:
ISBN 978-3-17-037400-3

E-Book-Formate:
pdf: ISBN 978-3-17-037401-0
epub: ISBN 978-3-17-037402-7

Inhaltsverzeichnis

A Prolog: Warum Marken wichtig sind

Die erste und alles entscheidende Frage lautet: Braucht es eine starke Marke überhaupt? Eine mögliche Antwort könnte lauten: »Wir haben doch gute Produkte und Dienstleistungen, die verkaufen sich fast wie von selbst, potenzielle Mitarbeiter stehen bei uns Schlange und die Fluktuation tendiert gegen null.« Wenn dem so ist: Glückwunsch!

Dann ist das Phänomen Marke für Sie nur von untergeordneter Bedeutung, aber selbst dann ist sie nicht unwichtig. Denn markenrechtlich schützen lassen müssen Sie sich Ihre Marke trotzdem. Dafür brauchen Sie einen schutzfähigen Namen und wahrscheinlich auch ein Logo. Den Rest macht dann der Vertrieb!

Sollten Sie demgegenüber in umkämpften Arbeits- und Absatzmärkten aktiv sein, dann könnte es sein, dass das erfolgreiche Managen Ihrer Marke oder Marken den entscheidenden Unterschied macht, in dreierlei Hinsicht: Bei potenziellen, aktuellen und ehemaligen (1) Mitarbeitern, bei Ihren (2) Kunden und in der (3) Gesellschaft, in der Sie aktiv sind, insgesamt.

Es sind 5 Gründe, warum Marken wichtig sind: Starke Marken ...

1. sind wirkungsvolle Bewerbermagnete,
2. lassen sich zeitlich unbegrenzt rechtlich schützen,
3. stellen 18 % bis 92 % des Unternehmenswertes dar,
4. erzielen im Schnitt eine um 69 % bis 150 % höhere Rendite und
5. erreichen im Mittel ein Preis-/Mengenpremium[1] von 92 % bis 140 %.

Starke Marken sind wahre Bewerbermagnete! 76 % der Personalverantwortlichen sind einer Studie des Kompetenzzentrums Fachkräftesicherung (KOFA) zufolge der Auffassung, dass zielgruppengenaues Employer Branding gut bis sehr gut funktioniert und im Vergleich mit 15 weiteren Recruiting-Ansätzen am besten abschneidet,

1 Das Preis-/Mengenpremium quantifiziert den höheren Preis und/oder den Mehrabsatz, der auf die Marke zurückzuführen ist.

wenngleich erst jedes vierte Unternehmen diesen Ansatz überhaupt nutzt (KOFA 2019, S. 27). Insbesondere größere Unternehmen profitieren von ihrer starken Marke, da sie dadurch attraktiv sind, mehr Bewerbungen erhalten und einen Talent-Pool aufbauen können, so die Autoren der Studie (KOFA 2019, S. 21). Bei der Bewertung ihres aktuellen Arbeitgebers wiederum sind einer aktuellen Studie von Randstad zufolge zwei der Top 10 Werte maßgeblich von der Marke geprägt: »4. Interessante Arbeitsinhalte« (Purpose) und »5. Guter Ruf« (Image) (Randstad 2023, S. 10).

Ein weiterer großer Vorteil von Marken ist, dass sie zeitlich unbefristet geschützt werden können und stets auch sollten. Alles, was im Zeitverlauf in die Marke und die Markenwahrnehmung investiert wird, bleibt dem Unternehmen dadurch dauerhaft erhalten. So lange alle 10 Jahre die Gebühr zur Verlängerung des Markenschutzes entrichtet wird, gehört die Marke dem Unternehmen. Sie ist damit der einzige immaterielle Vermögenswert, der unendlich lange geschützt werden kann. Im Gegensatz dazu läuft der Schutz von Gebrauchsmustern üblicherweise nach 10 Jahren, bei Patenten nach 20 Jahren und bei geschützten Designs nach 25 Jahren aus (▸ Dar. 1).

Dar. 1: Schutzgegenstand und -dauer immaterieller Vermögenswerte

Immaterielles Schutzrecht	Schutzgegenstand	Schutzdauer (in Jahren)
Marke	alle Arten von Zeichen, insb. Wörter einschließlich Personennamen, Abbildungen etc.	unbegrenzt
Urheberrecht	für Werke der Literatur, Musik, Wissenschaft und (angewandter) Kunst sowie Softwareprogramme; Schutz ohne Eintragung	70*
Design	ästhetische Formschöpfung (Muster oder Modell), sofern neu und eigentümlich; bis 2013 als Geschmacksmuster bezeichnet	25
Patent	Erfindung, die neu ist, auf einer erfinderischen Tätigkeit beruht und gewerblich anwendbar ist	20
Gebrauchsmuster	auch als »kleines Patent« bezeichnet; ungeprüfte Eintragung	10

Hinweis: Eintragung erforderlich, sofern nicht anders vermerkt; * nach dem Tod des Urhebers

Als dritter Vorteil von Marken gilt ihr meist hoher Wertanteil am Unternehmenswert. Biesalski & Company (2023) zufolge liegt der Anteil branchenabhängig zwischen 18 % und 92 %. Dabei gilt: Je stärker die Marke, umso höher der Anteil des Markenwerts am Unternehmenswert. Bei B2B-Marken liegt der Wertanteil im Schnitt bei 41 %, branchenübergreifend bei 49 % und bei B2C-Marken im Mittel bei 64 %, wobei die Marke insbesondere in den Branchen Textil und Mode sowie Nahrungsmittel und Getränke von übergeordneter Bedeutung ist (▸ Dar. 2).

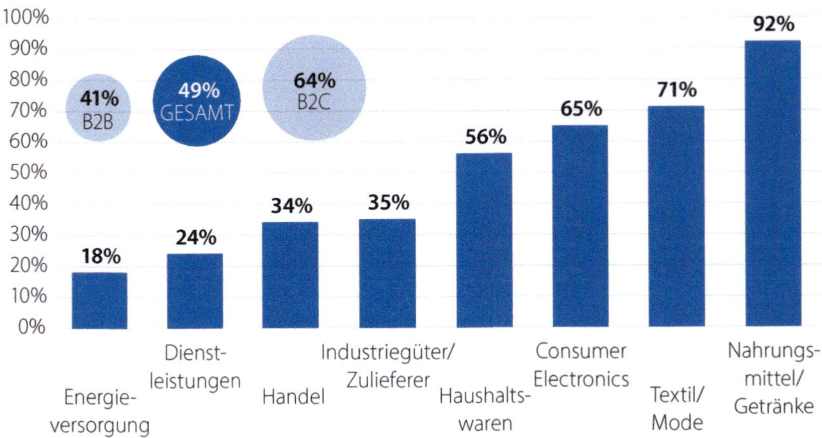

Dar. 2: Branchenabhängiger Anteil des Markenwerts am Unternehmenswert (Quelle: Vgl. Biesalski & Company 2023, S. 5)

Das erklärt auch, warum dem Deutschen Markenmonitor 2023/24 zufolge vier von fünf Entscheidern (82 %) der Auffassung sind, dass der Marke derzeit eine hohe bis sehr hohe Bedeutung im Unternehmen eingeräumt wird (Dietzold/Meier-Kortwig 2023, S. 14). Im Hinblick auf das Renditeplus durch starke Marken (oberes Drittel der Stichprobe) lohnt sich ihr Vergleich mit schwachen Marken (unteres Drittel). Im Kern zeigen sich der Analyse von Biesalski & Company zufolge vier zentrale Effekte:

- In der Vorkaufphase sind starke Marken häufiger Teil des Relevant Sets und wesentlich häufiger erster Wahl.
- Starke Marken werden wesentlich häufiger gekauft.
- Das Preis-Mengenpremium starker Marken ist um 92 % (B2C) bis 140 % (B2C) höher als bei schwachen Marken.
- Die Rendite starker Marken ist um 69 % (B2C) bzw. 150 % (B2B) höher als bei schwachen Marken.

In Darstellung 3 sind weitere Ergebnisse der Analyse von Biesalski & Company wiedergegeben. Unter anderem zeigen die Zahlen, dass starke Marken deutlich höhere Markeninvestitionen erfordern, die sich jedoch mehr als bezahlt machen, wie die wesentlich höhere Markenrendite verdeutlicht.

Schließlich ermöglichen starke Marken ein deutliches Preis-/Mengenpremium, wie die in der Darstellung wiedergegebenen Prozentwerte deutlich machen. Das Premium ergibt sich aus der Markenbekanntheit, der Markenstärke und den eng damit verbundenen Markenfunktionen. Auf die Markenbekanntheit wird im Kapitel zur Taxierung der Marke näher eingegangen. Bei der Markenstärke unterscheidet Biesalski & Company zwischen der Qualität des Markenimages und der Einstellung gegenüber der Marke (▶ Dar. 4).

Dar. 3: Erfolgsbeiträge starker B2B- und B2C-Marken (Quelle: Vgl. Biesalski & Company 2023, S. 5 ff.)

Marken / Kriterium	B2B			B2C		
	Schwach	dx	Stark	Schwach	dx	Stark
Markenrendite	3,2	150	8,0	4,5	69	7,6
Preis-/Mengenpremium	5,3	140	12,7	10,4	92	20,0
Markeninvestitionen	2,1	124	4,7	5,9	110	12,4
Teil des Relevant Set	25	256	89	46	65	76
Erste Wahl	12	358	55	10	350	45
Kauf	23	283	88	16	156	41

Hinweise: Angaben in Prozent; dx = Abweichung in Prozent

Dar. 4: Schlüsselindikatoren der Markenstärke (Quelle: Vgl. Biesalski & Company 2023, S. 12.)

Markenimage	Markeneinstellung
Klarheit	Sympathie
Attraktivität	Vertrauen
Einzigartigkeit (Uniqueness)	Loyalität

Eng damit verbunden sind die drei zentralen Funktionen von Marken für Kunden: Informationseffizienz, Risikoreduktion und ideeller Nutzen. Ein Vergleich von B2B- und B2C-Märkten zeigt, dass die Bedeutung der drei Markenfunktionen zum Teil beträchtlich variiert (▶ Dar. 5).

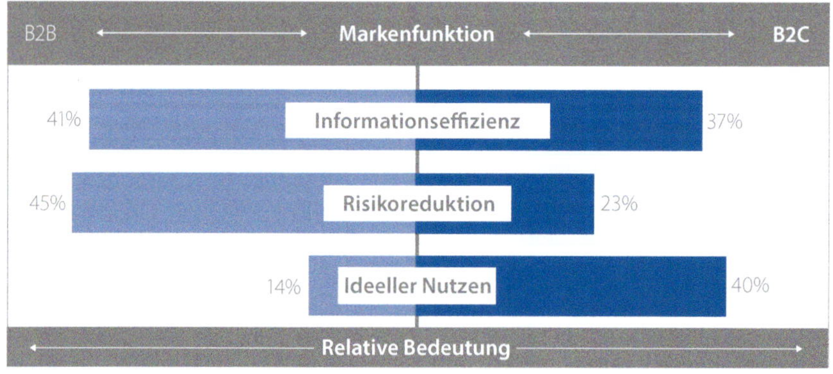

Dar. 5: Die relative Bedeutung der drei Markenfunktionen für Kunden (Quelle: Vgl. Caspar, Hecker, Sabel 2002, S. 49)

Insbesondere beim ideellen Nutzen sind deutliche Unterschiede erkennbar, in geringerem Umfang zeigen sich Unterschiede auch bei der Risikoreduktion. Neben der Kundenperspektive lohnt sich ein Blick auf die Gesellschaft als Ganzes. Zwischen 1998 und 2005 kam es zu einem deutlichen Rückgang der Markenorientierung. Den Tiefpunkt markierte die »Geiz ist geil«-Phase von Saturn in den Jahren 2002 bis 2007. Seitdem ist das Bewusstsein für Marken wieder deutlich gestiegen. Die Entwicklung der Markenorientierung verdeutlicht dies, konkret die von IfD Allensbach ermittelte Kaufbereitschaft gegenüber Markenartikeln von 1991 bis 2023 (▶ Dar. 6).

Der Kauf von Markenartikeln lohnt sich …

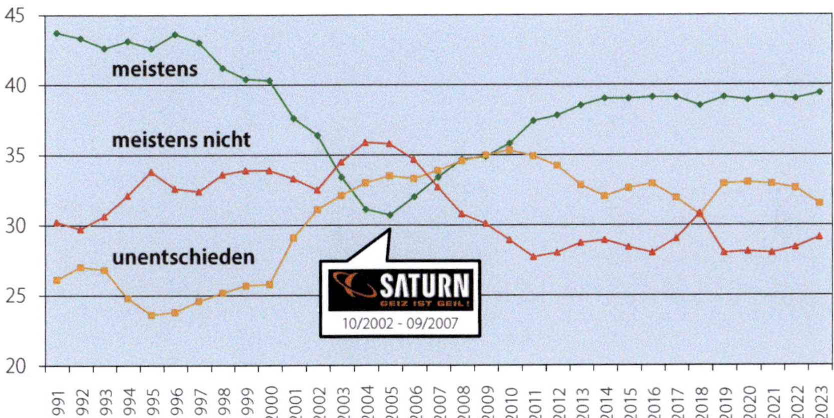

Frage: "Lohnt sich Ihrer Meinung nach in den meisten Fällen, dass man Markenartikel kauft, oder lohnt es sich meistens nicht?"

Dar. 6: Die Markenorientierung der Menschen im Zeitverlauf (Quelle: Vgl. IfD Allensbach 2023)

Die fünf genannten Gründe, die zitierten Studienergebnisse und die drei angeführten Funktionen machen deutlich: Marke ist wichtig! Das gilt sowohl für Konsumgüter und private Dienstleistungen als auch für Industriegüter und gewerbliche Dienstleistungen. Es lohnt sich deshalb, Marken erfolgreich zu managen, wobei zwischen dem Aufbau und dem Ausbau von Marken unterschieden werden kann.

B Hauptteil: Wie man Marken erfolgreich managt

Für das Management von Marken wurden bisher weit über 100 Ansätze entwickelt. 40 davon sind in Darstellung 7 wiedergegeben. Trotz der zahlreichen Herangehensweisen gibt es bisher keinen integrierten Ansatz für den wertebasierten Aufbau und den wachstumsorientierten Ausbau – und damit für das umfassende Management von Marken im Zeitverlauf.

Markenmodelle

ganzheitlich (hier)

BEST IDEAS (Kilian)
Brand Key (Unilever)
Brand Wheel (Bates)
Golden Ratio (Kilian)
Golden Circle (Sinek)
Brand Mantra (Keller)
Markeneisberg (Kantar)
Brand BIOS (thinkmoto)
Markensteuerrad (Kantar)
Brand Canvas (Baumgarth)
Markendiamant (McKinsey)
Markenpyramide (Kapferer)
Brand Core Analysis (Grey)
Brand Holosphere (Drömann)
Brand Resonance Pyramid(Keller)
MarkenWesen (Publicis Sasserath)
Genetischer Code der Marke (Institut für Markentechnik)
Linearer Prozess der Markenführung (Meffert/Schmidt)
Markenpositionierungsansatz (Homburg/Richter)
Würzburger Markenmanagement-Ansatz (Kilian)
Markenerleben-Plattform (Sasserath/Munzinger)
Brand Positioning Canvas (Creative Advantage)
Identitätsbasierte Markenführung (Burmann)
Markenvisionansatz (Aaker/Joachimsthaler)
Brand Positioning Bulls Eye (Kotler/Keller)
Brand Market Connector (Bruce/Jeromin)
Markenidentitätsansatz (Burmann et al.)
Markenführungsansatz (de Chernatony)
360 Degree Brand Stewardship (Ogilvy)
Erfolgsmuster der Marke (Brandmeyer)
Markensteuerrad modifiziert (Esch)
Markenidentitätsprisma (Kapferer)

fokussiert (unten)

Change by Brand (Biesalski)
Brandsformation Journey (TruffleBay)
Unternehmensmarken-Identitätsmatrix (Urde)
Mehrmarken-Managementsystem (Kilian/Brummer)
Markenstrategisches Change-Management (Kilian/Völckner)
Startup-Marken-Evolutionsprozess (Kilian/Scherzinger)
Markenkosmos von Hidden Champions (Kilian/Englert)
Markenidentität für Dienstleistungen (Kilian/Rosenau)

Dar. 7: 40 relevante Ansätze für das Management von Marken

Mit BEST IDEAS liegt erstmals ein ganzheitlicher Ansatz vor, der anhand von neun Erfolgsbausteinen aufzeigt, wie Sie Marken erfolgreich aufbauen, managen und mit der Zeit ausbauen können. Einfach die beiden Akronyme BEST IDEAS merken und schon haben Sie jederzeit die vier Schritte für den Aufbau und die fünf Strategien für den Ausbau und damit für das qualitative Wachstum von Marken parat – und in Kombination die BEST IDEAS für erfolgreiches Markenmanagement (▸ Dar. 8).

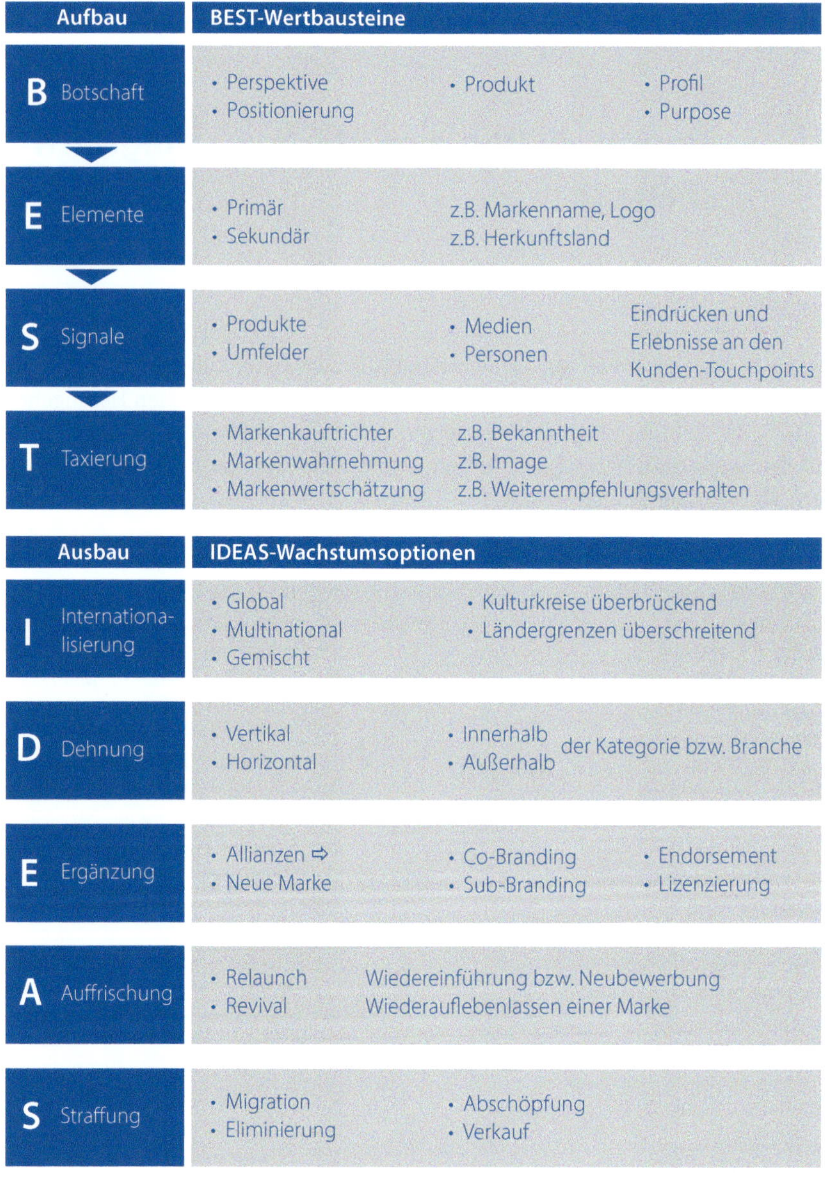

Dar. 8: BEST IDEAS für erfolgreiches Markenmanagement

Teil 1: Systematisches Management von Marken

1 Der Würzburger Markenmanagement-Ansatz

Der Würzburger Markenmanagement-Ansatz liefert einen schlüssigen Rahmen für das erfolgreiche Management von Marken. Ausgehend von der Geschäftsidee über das Geschäftsmodell gilt es die Unternehmens- und Markenstrategie zu entwickeln und im Zeitverlauf zu optimieren. Den Kern des Würzburger Ansatzes bildet die Markenbotschaft, die sich aus den 5 Ps Purpose, Profil, Produkt, Positionierung und Perspektive zusammensetzt. Sie wird vom Autor auch als Markencharakter bezeichnet und stellt den Startpunkt des BEST-möglichen Markenaufbaus dar. Ausgehend von der Botschaft werden Design- und Gestaltungselemente ausgewählt bzw. im Zeitverlauf angepasst. Sie können zu den vier Markensignalen Produkte, Umfelder, Medien und Personen (PUMP) kombiniert werden. Abschließend gilt es die tatsächlichen Kundenerlebnisse mit der Marke zu taxieren. Ziel ist es, die eigene Markenstrategie weiter zu verbessern und sich bietende Wachstumschancen IDEAS geschickt für sich zu nutzen (▶ Dar. 9).

1.1 Geschäftsidee und Geschäftsmodell

Als Ausgangspunkt jeder starken Marke dient eine neuartige Geschäftsidee, die in ein tragfähiges Geschäftsmodell überführt werden muss, um langfristig tragfähig zu sein. Neben Technologie-, Produkt- und Prozessinnovationen bieten sich dazu Geschäftsmodellinnovationen durch die Wiederholung eines erfolgreichen Geschäftsmodells in einem anderen Produktbereich, durch Übertragung auf eine neue Branche oder durch Übertragung und Kombination mehrerer Geschäftsmodelle an. Beispiele sind die Übertragung des »Razor and Blade«-Geschäftsmodells von Gillette Rasierern auf Nespresso Kapseln, ergänzt um den »Lock-in«-Systemansatz und den direkten Vertrieb online und über Nespresso Boutiquen sowie die Übertragung des Abonnement-Geschäftsmodells auf Software von Salesforce, Streamingangebote von Netflix und Spotify sowie monatliche Rasierklingenlieferungen durch den Dollar Shave Club (Gassmann, Frankenberger, Choudury 2021, S. 26 ff.). Insgesamt führen Gassmann, Frankenberger und Choudury (2021, S. 106 ff.) 60 wiederkehrende Muster für Geschäftsmodellinnovationen an. In Darstellung 10 sind exemplarisch 10 erfolgversprechende Elemente von Geschäftsmodellen mit hohem Markenbezug wiedergegeben.

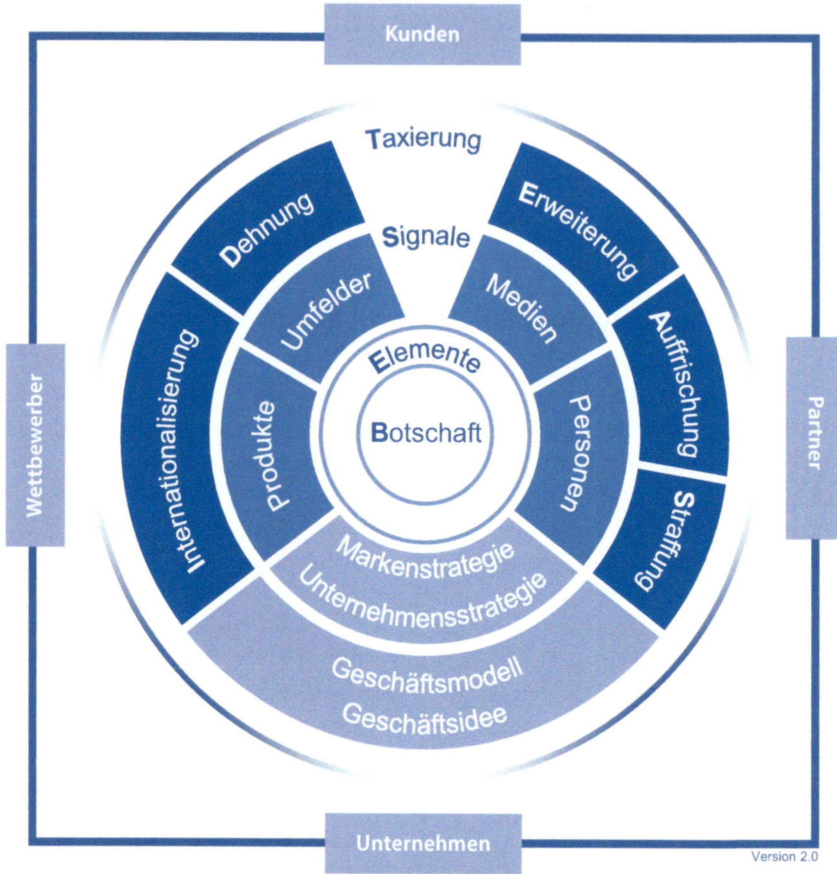

Dar. 9: Der Würzburger Markenmanagement-Ansatz mit BEST IDEAS

1.2 Unternehmens- und Markenstrategie

Aus dem Geschäftsmodell geht die Unternehmensstrategie hervor, die das Herzstück der Unternehmensführung darstellt. Die Unternehmensstrategie befasst sich insbesondere mit dem Wachstum, der Stabilisierung oder der Desinvestition einzelner Geschäftsfelder innerhalb sich ändernder politischer, rechtlicher, oekonomischer, soziokultureller und technologischer Umfeldfaktoren (PROST-Faktoren), um den Wettbewerb dauerhaft zu übertreffen und die Kunden immer wieder zufriedenzustellen (Kilian 2019a, S. 57).

Konkret geht es um die Festlegung und Verfeinerung der Ziele und Zielgruppen, der relevanten Marktsegmente und strategischen Geschäftseinheiten sowie die zielgesteuerte Verteilung vorhandener Ressourcen. Hieraus ergeben sich Optimierungen bei der Charakterisierung der Marke(n), bei der Markenarchitektur und bei der Aufteilung vorhandener Budgets. Zusammen stellen sie die zentralen Aufgaben

Direktvertrieb Auslassen von Zwischenhändlern ⇨Internal Branding	**Querverkauf (Cross-Selling)** Angebot ergänzender Leistungen ⇨Markendehnung, Markenallianz
Erlebnisverkauf Emotionalisierung der Leistungen ⇨Markenelemente, Internal Branding	**Nischenangebot (Long Tail)** Web-Vermarktung von Nischenprodukten ⇨Nischen-Positionierung
Pull-Effekt Kundensog (Interesse wecken) ⇨Markenimage, Markenwerbung	**Kundentreue** Anreise für lange Treue ⇨Markenimage
Ingredient Branding Begleitende bzw. Verarbeitungsmarke ⇨Vertikales Co-Branding	**Kompetenzskalierung** Kompetenzen besser nutzen ⇨Markendehnung, Markenallianz
Lizenzierung Vermarktung geistigen Eigentums ⇨Markenrecht (Markenelemente)	**Franchising** Geschäftskonzept-Vermarktung ⇨Markenrecht (Markenelemente)

Dar. 10: Exemplarische Auswahl von 10 Mustern zur Geschäftsmodellinnovation mit Markenbezug

der Markenstrategie als Kernbereich der Markenführung dar. Ordnet man sie in nicht chronologischer Reihenfolge an, können sie auch als das Markenstrategie-ABC bezeichnet werden: Architektur, Budgetierung und Charakterisierung.

Die Markenstrategie ihrerseits nimmt Einfluss auf die weitere Ausgestaltung der Unternehmensstrategie, indem sie strategische »Leitplanken« setzt, innerhalb der sich die Unternehmensstrategie rollierend weiterentwickelt und fallweise, ganz bewusst, auch markenstrategische Grenzen überschreitet, meist aber innerhalb des »Markenkorridors« bleibt (▸ Dar. 11).

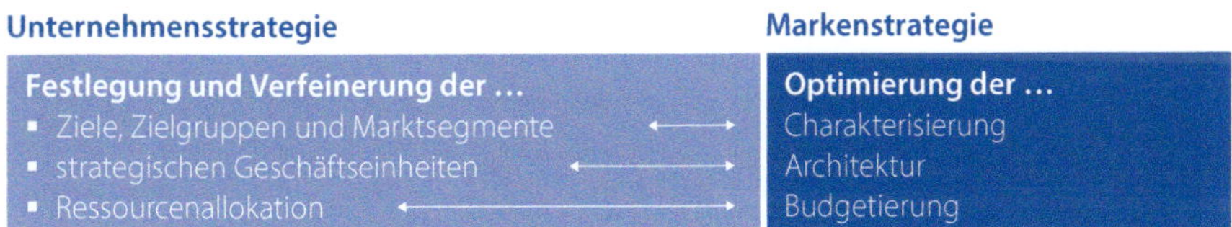

Dar. 11: Zusammenhang zwischen Unternehmens- und Markenstrategie

1.2.1 Markencharakter

Der Markencharakter als Herzstück der Marke umfasst neben einer sachlichen Beschreibung des Leistungsportfolios, vereinfachend als Produkt bezeichnet, die eng miteinander zusammenhängenden Charakterpaare Purpose und Profil sowie Positionierung und Perspektive. Der dazugehörige Entwicklungsprozess wird als Markencharakterisierung bezeichnet.

Der Purpose, früher meist als Mission bezeichnet, fast die Daseinsberechtigung des Unternehmens bzw. der Produkt- oder Dienstleistungsmarke in (wenige) Worte, das Profil umfasst im Normalfall den Markenkernwert, zwei bis vier Markenwerte sowie ggf. einen Markenclaim. Demgegenüber beschreibt die Positionierung die eigene Marke relativ zum Wettbewerb, wobei zwischen marken- und marktbezogenen Positionierungsoptionen unterschieden werden kann. Die Perspektive schließlich, bisher meist Vision genannt, richtet den Blick in die Zukunft und zeigt auf, wohin sich die Marke in den nächsten 5 bis 8 Jahren entwickeln möchte, z. B. zum Marktführer im Bereich E-Fuel-Motoren für Lkw und Busse. In Kombination mit weiteren Marken eines Unternehmens ergibt sich daraus die Markenarchitektur.

1.2.2 Markenarchitektur

Die Portfoliostruktur als zweite der drei zentralen markenstrategischen Fragestellungen lässt sich in statische Grundsatz- und dynamische Veränderungsstrategien unterteilen. Zu den Grundsatzstrategien zählen die Breite und Tiefe der Strategie sowie die Markenhierarchie und das Markenportfolio. Bei den dynamischen Veränderungsstrategien wiederum kann zwischen Vergrößerungen, Veränderungen und Verkleinerungen der Portfoliostruktur unterschieden werden (Kilian 2023, S. 431 ff.). In Bezug auf die Tiefe der Markenstrategie wird zwischen Ein- und Mehrmarkenstrategien differenziert, bei der Breite zwischen Einzel-, Familien- und Dachmarken als Haus der Marken (House of Brands) sowie der Unternehmensmarke als Markenhaus (Branded House). Ergänzend kommen die Zwischenstufen Subbrands und Endorsed Brands (Aaker, Joachimsthaler 2000, S. 105) sowie Co-Brands einschließlich der Sonderformen Dual Brands und Ingredient Brands hinzu, die dem Autor zufolge dem Haus der Marken meist näherstehen als dem Markenhaus, weshalb sie, vereinfachend und abweichend von Aaker und Joachismthaler (2000), dem Haus der Marken zugeordnet werden.

Ordnet man die statischen und dynamischen Markenstrategien im Zeitverlauf an, so ergibt sich ein Wechsel zwischen meist längeren Phasen fester Markenstrukturen und kürzeren Phasen, die von Markenstrukturveränderungen geprägt sind (▶ Dar. 12).

Zu den fünf dynamischen Wachstumsstrategien zählen die Internationalisierung, Dehnung, Ergänzung, Auffrischung und Straffung von Marken und Markenportfolios. Neben der Erschließung neuer geographischer Märkte zielen die IDEAS-Wachstumsstrategien auf die Dehnung bestehender Marke innerhalb und außerhalb der angestammten Kategorie bzw. Branche, die Ergänzung durch neue Marken oder Markenallianzen. Des Weiteren besteht die Möglichkeit, eine Marken zu überarbeiten und einem Relaunch zu unterziehen oder eine nicht mehr genutzte Marke wieder zu reaktivieren. Schließlich zählt zum qualitativen Wachstum auch die Straffung des Markenportfolios, denn vielfach kommen im Zeitverlauf immer mehr Marken hinzu, was hin und wieder eine Bereinigung notwendig macht, die neben einer zeitlich begrenzten Abschöpfung die Optionen Verkauf, Migration und

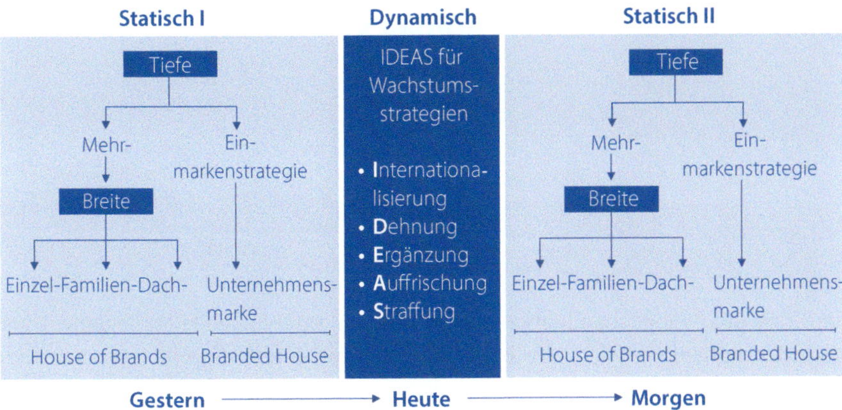

Dar. 12: Markenarchitekturen und ihre Veränderung im Zeitverlauf

Eliminierung umfasst. Dadurch werden finanzielle Ressourcen frei, die auf die verbliebenen Marken verteilt werden können.

1.2.3 Markenbudgetierung

Neben den Forschung- und Entwicklungskosten für das Leistungsangebot einzelner Marken gilt es das Kommunikationsbudget festzulegen. Grundsätzlich kann zwischen heuristischen und analytischen Ansätzen unterschieden werden. Während bei heuristischen Ansätzen einfache, auf Plausibilitätsüberlegungen basierende Budgetierungsprinzipien Anwendung finden, modellieren analytische Ansätze den Zusammenhang zwischen Budget und Zielgröße, z. B. Bekanntheitsgrad, Image oder Absatz. Typischerweise orientieren sich heuristische Ansätze am Budget des Vorjahres, am Umsatz oder Gewinn, an den verfügbaren Mitteln, an den Aktivitäten der Wettbewerber und/oder an den Markt- und Markenkommunikationszielen. Demgegenüber kann bei analytischen Ansätzen zwischen statischen Herangehensweisen, z. B. auf Basis der Werbewirkung, und dynamischen Ansätzen unterschieden werden, beispielsweise in Bezug auf sofortige oder verzögerte Reaktionsparameter in voller Höhe bzw. sukzessiv (Homburg 2020, S. 833 ff.).

Von den drei zentralen ABC-Aufgaben der Markenstrategie wird im Folgenden näher auf die Markenbotschaft eingegangen, die den Kern des Würzburger Markenmanagement-Ansatzes darstellt und aus der sich die Elemente und Signale ableiten lassen, die allesamt im Rahmen der Taxierung der Erlebnisse der Kunden mit der Marke erfasst und verfeinert werden.

Teil 2: Werteorientierter Aufbau von Marken mit BEST

Für einen BEST-möglichen Markenaufbau und das anschließende Management von Marken empfiehlt es sich, die Botschaft der Marke festzulegen, dazu passende Elemente für das Design und die Gestaltung auszuwählen, die Elemente markenadäquat zu Signalen zu kombinieren und in regelmäßigen Abständen eine Taxierung der Marke durchzuführen. In Darstellung 13 sind die vier Erfolgsbausteine Botschaft, Elemente, Signale und Taxierung der Markenentwicklung und des Markenmanagements sowie ihre zentralen Bestandteile kompakt wiedergegeben. Im Folgenden werden sie detailliert erläutert.

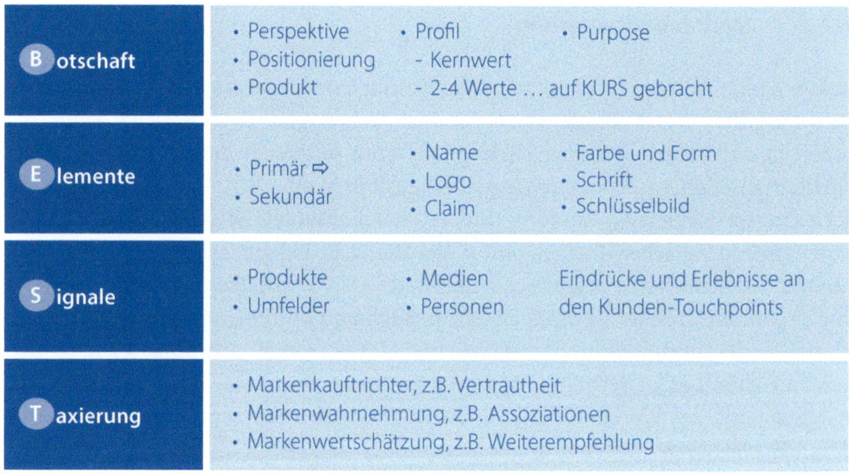

Dar. 13: Das BEST-Vorgehen für die Markenentwicklung

2 Botschaft – Die Markenbotschaft finden

Die Botschaft einer Marke ergibt sich aus ihrem Charakter, der anhand von 5 Ps beschrieben werden kann: Purpose, Profil, Produkt, Positionierung und Perspektive. Der Markencharakter greift die Dreiteilung in Warum (Purpose), Wie (Profil) und Was (Produkt) von Sinek (2009, S. 39) auf, ergänzt um Positionierung und Perspektive. Darstellung 14 fasst die 5 Ps der Marke bzw. Markencharakterisierung zusammen.

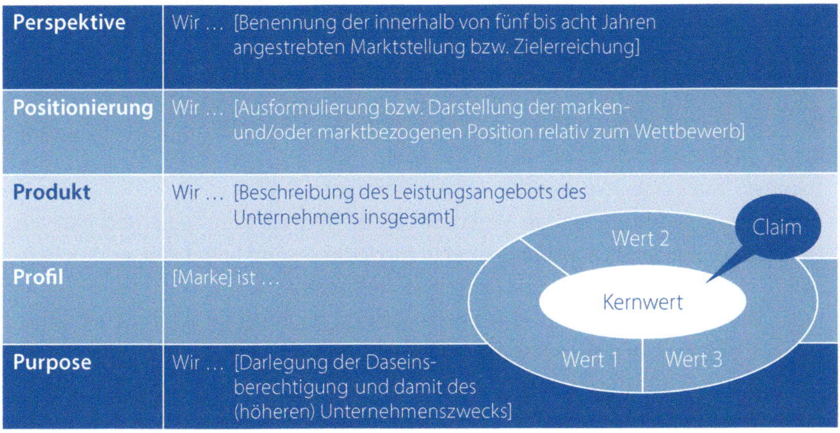

Perspektive	Wir ... [Benennung der innerhalb von fünf bis acht Jahren angestrebten Marktstellung bzw. Zielerreichung]
Positionierung	Wir ... [Ausformulierung bzw. Darstellung der marken- und/oder marktbezogenen Position relativ zum Wettbewerb]
Produkt	Wir ... [Beschreibung des Leistungsangebots des Unternehmens insgesamt]
Profil	[Marke] ist ...
Purpose	Wir ... [Darlegung der Daseinsberechtigung und damit des (höheren) Unternehmenszwecks]

Claim
Wert 2
Kernwert
Wert 1
Wert 3

Dar. 14: Die 5 Ps des Markencharakters

2.1 Purpose

Der Purpose kann als zeitgemäße Form der Mission angesehen werden. Während sich die Mission meist am Shareholder-Ansatz orientiert, liegt dem Purpose der Stakeholder-Ansatz zu Grunde und damit die Einbeziehung aller Interessengruppen eines Unternehmens. Der Purpose geht somit über die primär kommerziell ausgerichtete Mission hinaus und schließt den gesellschaftlichen Mehrwert ein, den ein Unternehmen bzw. eine Marke bietet (vgl. Kilian, Miklis 2020, S. 23). Der Purpose bezeichnet somit den (höheren) Unternehmenszweck und damit die Daseinsberechtigung von Unternehmen, die über eine reine Gewinnorientierung hinausgeht. Vielfach ist von Sinnhaftigkeit und Sinnstiftung die Rede, besonders in Bezug auf Mitarbeiter und Kunden.

In engem Zusammenhang mit dem Purpose steht der Begriff Haltung. Beide Bezeichnungen werden fallweise sogar synonym verwendet, was jedoch nicht richtig ist. Haltung beschreibt, abweichend vom Purpose, die innere Grundeinstellung oder Geisteshaltung der Mitarbeiter eines Unternehmens. Damit wird das Selbstverständnis und der Weltbezug konkretisiert, der das Denken und Handeln des Unternehmens und der dort arbeitenden Menschen prägt. Dazu zählt z. B. die Haltung zu Kinderarbeit, Klimaschutz und kultureller Vielfalt, aber auch zur Integration von Menschen mit Behinderung und zur Vermeidung inakzeptabler Zustände bei den Lieferanten und bei den Lieferanten der Lieferanten. Haltung bedeutet, Rückgrat zu zeigen und bereit zu sein, für die eigene Haltung auch Nachteile in Kauf zu nehmen. Dazu zählen z. B. höhere Lieferantenpreise, die mit der Etablierung verbesserter Arbeitsbedingungen bei den Zulieferunternehmen einhergehen (Kilian 2020b, S. 54).

Demgegenüber bringt der Purpose die eigene Daseinsberechtigung auf den Punkt, meist in einem mit »Wir« beginnenden Satz oder Halbsatz, wie folgende 15 Beispiele aus dem DAX-40 zeigen, wobei der Purpose von den Unternehmen fallweise als Antrieb und/oder Mission bezeichnet wird:

- Airbus: Wir leisten Pionierarbeit für eine nachhaltige Luft- und Raumfahrt für eine sichere und geeinte Welt.
- Allianz: Wir sichern Ihre Zukunft.
- BASF: Wir erschaffen Chemie für eine nachhaltige Zukunft.
- Bayer: Wissenschaft für ein besseres Leben
- Daimler Truck: Für alle, die die Welt in Bewegung halten.
- Deutsche Börse: Wir schaffen Vertrauen in die Märkte von heute und morgen.
- Deutsche Telekom: Wir geben uns erst zufrieden, wenn alle dabei sind.
- DHL Group: Menschen verbinden, Leben verbessern.
- E.ON: Die Energiewende für eine vernetzte und nachhaltige Welt vorantreiben.
- Henkel: Pioniere mit Herz für das Wohl von Generationen.
- Linde: Unsere Welt produktiver machen.
- Mercedes-Benz Group: Die Welt zuerst bewegen.
- Puma: Die zukünftige Geschichte des Sports und der Kultur schreiben.
- RWE: Unsere Energie für ein nachhaltiges Leben.
- Siemens Healthineers: Wir leisten Pionierarbeit im Gesundheitswesen. Für jeden Menschen. Überall.

Ein ausformulierter Purpose bietet Unternehmen viele Vorteile. Bei Bewerbern nimmt er immer häufiger Einfluss darauf, ob sie sich überhaupt beim Unternehmen bewerben und später bei einem Jobangebot die Stelle annehmen. Für bestehende Mitarbeiter ist der Sinn und Zweck des Unternehmens oft Motivator und Bleibegrund zugleich. Damit ist klar, dass es meist nur einen Purpose auf Unternehmensebene geben kann und nicht einen Purpose für jede Produkt- oder Dienstleistungsmarke. Meist wirkt der Purpose wie eine Klammer über alle Marken hinweg und verbindet sie sinnvoll miteinander.

Für viele Kunden ist der Purpose ein wichtiges Kaufargument. Häufig möchten sich Kunden mit dem Unternehmen, das eine bestimmte Produkt- oder Dienstleistungsmarke anbietet, identifizieren und das Gefühl haben, mit dem Kauf bzw. der Nutzung etwas Sinnvolles zu unterstützen. Es muss nicht immer gleich die Rettung der Welt sein, wenngleich etwas Karitatives als Königsklasse des Purpose gilt und deshalb häufig auch als Higher Purpose bezeichnet wird. Daneben kann sich der Purpose kulturell im Miteinander im Unternehmen und mit den Kunden zeigen oder deutlich machen, wie kompetent das Unternehmen darin ist, nützliche Lösungen zu entwickeln, bereitzustellen und zu vermarkten. Fallweise wird deshalb zwischen karitativen, kulturellen und kompetenzgeprägten Purpose-Statements unterschieden (Knowles et al. 2022, S. 36; Kilian 2022a, online). Eine aktuelle Purpose-Systematisierung von Kilian und Dugmore (2024) unterscheidet zwischen den vier Purpose-Dimensionen Aufgabe, Wirkungsradius, Zeithorizont und Beitrag. In Darstellung 15 sind alle Ausprägungen der ersten beiden miteinander verbundenen Dimensionen wiedergegeben.

Beim Wirkungsradius wiederum kann zwischen Kunden, Branche, Gesellschaft, Lebewesen und Welt unterschieden werden, beim Zeithorizont zwischen Gegenwart, Gegenwart und Zukunft sowie Zukunft (Kilian, Dugmore 2024).

Dar. 15: Ausprägungen der Purpose-Dimensionen Aufgabe und Beitrag (Quelle: Vgl. Kilian, Dugmore 2024)

Unternehmerische Aufgabe	Gesellschaftlicher Beitrag
leistungsstark performen	Werterzeuger
werteorientiert handeln	Wertevertreter
vorantreiben und reformieren bzw. ermöglichen	Weltverbesserer
verbessern und nachhaltiger machen	Wegbereiter
sicher machen	Wächter

Auf diese Weise schafft der Purpose Klarheit und fasst den Beitrag, den ein Unternehmen z. B. für die Gesellschaft oder unsere Welt insgesamt leistet, in Worte. Er erleichtert es, den Sinn und Zweck des Unternehmens mit dem eigenen Streben von uns Menschen nach Sinnhaftigkeit abzugleichen. Im Ergebnis verdeutlicht ein schlüssiger Purpose, dass die eigene Arbeit Sinn stiftet für uns selbst, für unsere Mitmenschen, unsere Gemeinschaft und/oder für die Umwelt.

Bei einem WC-Reiniger z. B. reicht es vollkommen aus, wenn das Reinigungsmittel das eigene WC sauber hält, ohne gesundheitsgefährdende Substanzen auskommt und die Umwelt möglichst wenig belastet. Der Purpose der Unilever-Marke Domestos geht darüber hinaus – und entfernt sich dabei zu sehr vom eigentlichen Produkt: »Domestos hat mangelnder Hygiene und fehlenden Sanitäranlagen den Kampf angesagt. [...] Mit dem Bau von Toiletten wird dazu beigetragen, dies zu ändern. Unser Ziel ist es, ... rund 25 Millionen Menschen einfacheren Zugang zu einer Toilette zu ermöglichen. So retten wir Leben und verbessern die Lebensqualität vieler Menschen.« Der Ansatz an sich ist lobenswert, nur verkauft Domestos keine WC-Einrichtungen oder Fertigtoiletten, sondern Gele, »Steine« und Reiniger für WC. Menschen den »Zugang zu Toiletten« zu verschaffen, ist zudem nicht Aufgabe einer Konsumgütermarke, sondern die ureigene Aufgabe eines jeden Staates und gemeinnütziger Organisationen, wie dem Kinderhilfswerk UNICEF, mit dessen Logo sich Domestos schmückt (Domestos 2023). Die Kooperation an sich ergibt Sinn, dies als »Unsere Mission« zu formulieren entfernt den Sinn zu sehr vom eigentlichen Produkt. Der Purpose ist schlicht zu weitgehend. Es empfiehlt sich vielmehr Purpose-Formulierung zu wählen, die nah beim Leistungsangebot bleiben. Beim auf KURS bringen der Markenwerte des Markenprofils zeigt sich ein solider Purpose meist fast schon von selbst. Es gilt, ihn anschließend in möglichst wenige, treffende Worte zu fassen.

2.2 Profil

Bei der eng mit der Purpose-Formulierung zusammenhängenden Markenprofilierung gilt es, vier Kriterien zu prüfen. Ziel ist es, alle essenziellen, wesensprägenden und charakteristischen Merkmale einer Marke herauszuarbeiten. Dabei sollten austauschbare Standardwerte wie »Qualität« und »Innovation« möglichst vermieden werden. Das Gleiche gilt für Aspekte, die gar keine Markenwerte sein können, wie z. B. Kundenorientierung und Kundenzufriedenheit bzw. Einzigartigkeit und Unverwechselbarkeit. Während Kundenorientierung zu den allgemeinen Grundprinzipien unternehmerischen Handelns zählt und Kundenzufriedenheit eine grundsätzliche unternehmerische Zielsetzung darstellt, sind »Einzigartigkeit« und »Unverwechselbarkeit« wünschenswerte Resultate guter Markenarbeit, zur Profilierung der Marke aber völlig ungeeignet. »Kundennähe« ist demgegenüber als Markenwert denkbar, da die Nähe zu den Kunden nicht selbstverständlich ist – und differenzierend wirken kann, wenn sich das Unternehmen z. B. durch ein engmaschiges Filialnetz oder einen schnellen Online-Kundendienst gegenüber seinen Wettbewerbern hervortut.

Neben den zuvor genannten unbrauchbaren Markenwerten gibt es vier Ursachen für eine schwache Markenidentität und damit für ein schlechtes Markenprofil:

- Austauschbare,
- mehrdeutige,
- unrealistische,
- zu viele und/oder
- abstrakte Markenwerte.

Was inhaltlich austauschbare Markenwerte betrifft, so hat eine Metaanalyse des Autors von vier Studien für mittelständische, hochtechnologische, börsennotierte und internationale Unternehmen gezeigt, dass im Mittel 36 % der untersuchten Unternehmen »Qualität« als Markenwert verwenden und 30 % den Markenwert »Innovation«. In beiden Fällen handelt es sich um generische Markenwerte, die kaum zur Differenzierung vom Wettbewerb und damit zur Präferenzbildung beitragen. Weitere beliebte und damit beliebige Markenwerte, die in drei vier Studien unter den Top 10 genannt wurden sind Zuverlässigkeit, Respekt und Know-how bzw. Kompetenz. In zwei der Studien finden sich die Werte Technologieführer, Hochwertigkeit bzw. Deutsche Wertarbeit, Vertrauen, Verantwortung, Umweltbewusstsein und Integrität wieder (vgl. Kilian 2019a, S. 60).

Auch mehrdeutige Begriffe wie »Performance« sind problematisch. Der genannte Begriff beispielsweise umfasst rund 30 Bedeutungen, von der Arbeitsleistung bis zur Theateraufführung. Was im konkreten Fall gemeint ist, bleibt zunächst unklar – und müsste erst noch ergänzend kommuniziert werden, was kostenintensiv ist und bei denjenigen keine Wirkung entfaltet, die von der Marke, nicht aber von der Markenkommunikation erreicht werden.

Nicht zu empfehlen sind daneben unrealistische Begriffe wie z. B. die Markenwerte »Innovation«, »Kompetenz« und »Einfachheit« der Deutschen Telekom. Ob und inwieweit beispielsweise der Wert »Einfachheit« beim Bonner Telekommunikationsunternehmen mit weit über 300.000 Mitarbeitern erreicht werden kann, bleibt zumindest zweifelhaft. Markenwerte sollten vielmehr wenig Wunsch und viel Wirklichkeit zum Ausdruck bringen, um die Kunden nicht zu enttäuschen, denn kaum etwas ist schlimmer als ein gebrochenes Versprechen. Dann lieber bescheidener auftreten und die Kunden positiv überraschen.

Ein weiteres Problem sind zu viele Markenwerte. Die Erwähnung von mehr als einer Handvoll ist nicht ratsam. Ideal sind zwei bis vier Markenwerte und ggf. ergänzend ein Markenkernwert und/oder einen Markenclaim. In der Realität verwendet jedoch nach wie vor etwa ein Drittel der Unternehmen mehr als fünf Markenwerte – und damit tendenziell zu viele.

Die zuvor genannten Markenwerte »Qualität« und »Innovation« sind nicht nur austauschbar, sondern im Kontext der meisten Unternehmen auch abstrakt und, für sich genommen, inhaltleer. Sie erfordern ein komplexes formales System, das »Qualität« und »Innovation« für verschiedene Bereiche und Abteilungen konkretisiert. Fallweise kommen hierfür Marken-Scorecards zum Einsatz, die jedoch mit einem hohen administrativen Aufwand verbunden sind – und viel Zeit und Geld in Anspruch nehmen.

Gleichzeitig gilt es zu bedenken, dass »Innovation« und »Qualität« gerade für deutsche Unternehmen – zu Recht – von großer Bedeutung sind. Sie können und sollten deshalb als Ausgangspunkt zur Ermittlung inhaltstarker Markenwerte dienen, die »für sich sprechen« und von Mitarbeitern und Kunden gleichermaßen schnell und eindeutig verstanden werden und sich leicht verinnerlichen lassen. Erreicht werden kann dies, indem Teilaspekte der eher austauschbaren, abstrakten Werte markentechnisch besetzt und glaubwürdig vermittelt werden. Qualität beispielsweise kann hochwertig, langlebig, robust, wertstabil, zuverlässig oder sicher bedeuten, im übertragenden Sinn auch kompetent oder wertvoll. Bei Lebensmitteln kommen weitere Bedeutungen wie nachhaltig, natürlich, gesund, schmackhaft und genussvoll hinzu. Es empfiehlt sich somit, auf einen Teilaspekt von Qualität als Markenwert zu setzen und nicht auf »das große Ganze«, da letzteres zu viel Interpretationsspielraum bietet und damit nicht für die notwendige Klarheit und Orientierung im Unternehmen sorgt, geschweige denn bei den Kunden. Die Auswahl von Markenwerten, die nur Teilaspekte z. B. von Qualität oder Innovation abdecken, sind griffiger.

Gute Markenwerte sind profilstarke Markenwerte. Sie ergeben aus sich heraus Sinn und werden auch ohne umfangreiche zusätzliche Erklärungen von jedem verstanden. Durch die Verwendung konkreter statt abstrakter Markenwerte werden anschauliche Bilder oder Geschichten in den Köpfen der Mitarbeiter und Kunden aktiviert oder es entstehen neue Vorstellungen. Konkrete Markenwerte werden ohne viele erklärende Worte, Workshops oder Werbespots verstanden – und sind damit »auf KURS«.

Gemeint sind damit die vier vom Autor entwickelten KURS-Kriterien. Die Markenwerte und der Markenkernwert sollten demnach möglichst konkret, ursächlich, relevant und spezifisch sein. Sie sind bedeutungsvoll und inspirierend, im Unternehmen begründet, für Kunden bedeutsam und im Vergleich zum Wettbewerb für die eigene Marke charakteristisch (▶ Dar. 16).

K onkret	bedeutungsvoll und inspirierend – Die Markenwerte sind bildhaft und griffig statt nebulös und abstrakt. Sie bieten nur wenig Interpretationsspielraum.
U rsächlich	im Unternehmen begründet – Die Markenwerte werden mit den eigenen Leistungen in Verbindung gebracht und lassen sich vom Unternehmen exemplarisch belegen.
R elevant	für die Kunden – Die Markenwerte haben eine besondere Bedeutung für die Kunden und finden bei Kaufentscheidungen Berücksichtigung.
S pezifisch	im Vergleich zum Wettbewerb – Die Markenwerte können im Idealfall nur, zumindest aber besonders glaubhaft und überzeugend, vom Unternehmen für sich reklamiert werden.

Dar. 16: Kilians KURS-Kriterien

Die zuvor genannten Markenwerte Qualität und Innovation sind alles andere als »konkret«. Auch sind sie nicht »ursächlich« für einen Markenwert, sondern lediglich Resultat dahinterliegender Markentreiber. Die Folge ist, dass die Mitarbeiter und Kunden die Markenwerte nicht in ihren Köpfen verankern oder einfach nicht genau wissen, wofür die Marke steht. Stattdessen bleibt oft ein diffuses Vorstellungsbild der Marke, die für alles steht – und damit für nichts. Deshalb ist eine systematische Vorgehensweise anhand der vier KURS-Kriterien ratsam, um profilstarke Markenwerte abzuleiten, die für sich sprechen und von jedem – insbesondere auch von den Mitarbeitern – verstanden werden.

So kann beispielsweise der Markenwert »präzise« im Unternehmen sowohl die Bedeutung millimetergenauer Verarbeitung betonen als auch eine klar verständliche Preispolitik sicherstellen. Alles, was Präzision zuwiderläuft, passt nicht zur Marke und wird deshalb nicht gemacht. Das verstehen alle: Die Geschäftsführer, die Mitarbeiter im Bereich Entwicklung und am Empfang. Wenn Präzision dann noch für die Kunden relevant ist oder durch entsprechende Kommunikation Relevanz erlangen kann, hat z. B. Präsenz als Markenwert Sinn. Ist nun ein Unternehmen im Handeln und in seiner Leistungserstellung präzise, stellt sich als Resultat die gewünschte Qualitätswahrnehmung von selbst ein. Wenn dann der Markenwert nur bzw. insbesondere für die eigene Marke Gültigkeit besitzt, ist die Marke auf Kurs. Bei Mercedes-Benz als Erfinder des Automobils und Wegbereiter diverser technologischer Fortschritte wäre beispielsweise der Markenwert »erfinderisch« denkbar. Der Wert wäre durch die besonderen Produkteigenschaften, die einzigartige Unternehmenshistorie und zahlreiche patentierte Technologien überzeugend belegbar und nur schwer vom Wettbewerb kopierbar.

Vielfach, aber nicht immer, kommt ergänzend zu den zwei bis vier Markenwerten ein Markenkernwert zum Einsatz. Dabei können in der Realität fünf typische Interpretations- und Ausgestaltungsformen des Markenkernwerts beobachtet werden:

- Ein Markenkernwert bei Porsche: Intelligent Performance
- Der Markenclaim bei Audi: Vorsprung durch Technik
- Ein Teil des Markenclaims bei BMW: Freude
- Der Markenname bzw. das Logo bei Carglass
- Kein Markenkernwert bei MAN

Wurde kein Markenkernwert ermittelt, wird häufig das Logo in der Mitte des Markenprofils plaziert oder es wird ganz auf eine Darstellung in der Mitte verzichtet. Es gibt aber auch eine Reihe Unternehmen, die stattdessen auf Markenwerte verzichten und sich ganz auf einen Markenkernwert fokussieren. Häufig ist von Ein-Wort-Wert (One-Word-Equity) die Rede. Die Marke ist in diesen Fällen meist als Marktführer positioniert und eng mit einer Kategorie oder einer Besonderheit innerhalb der Branche oder Kategorie verbunden, wie die folgenden 12 Beispiele deutlich machen:

- Aldi – Discount
- Netflix – Videostreaming
- Flixbus – Fernbus
- Nivea – Pflege
- Google – Suche
- Tesla – Elektroauto
- Knoppers – Frühstückchen
- Volvo – Sicherheit
- Krombacher – Felsquellwasser
- YouTube – Videoplattform
- Milka – Zart
- Zoom – Videokonferenz

Neben dieser relativ seltenen, extremen Wertefokussierung gibt es nach wie vor Unternehmen, die gar keine Markenwerte definiert haben oder glauben, mit ihren Kulturwerten Markenwerte festgelegt zu haben. Während Markenwerte ihre Wirkung primär über das Leistungsangebot gegenüber den Kunden entfalten, werden Kulturwerte primär innerhalb des Unternehmens von den Führungskräften und Mitarbeitern gelebt. Die Kulturwerte sind damit Ausdruck der Unternehmenskultur. Dabei gilt: Je mehr die Mitarbeiter für die Leistungserbringung prägend sind, was insbesondere bei Dienstleistungen häufig der Fall ist, um so eher sollten sich Marken- und Kulturwerte überschneiden oder fallweise sogar deckungsgleich sein. Ist demgegenüber die Leistung von den Mitarbeitern losgelöst, was z. B. fast immer bei Maschinen der Fall ist, dann empfiehlt es sich, beide Wertesysteme komplementär zueinander auszugestalten. In einem Fall kann von einem Wertekreis gesprochen werden, im anderen Fall von einem Werte-Loop, während die Zwischenstufe, in Anlehnung an die Mengendiagramme von John Venn als »Wertevenn« bezeichnet werden kann, wie Darstellung 17 deutlich macht.

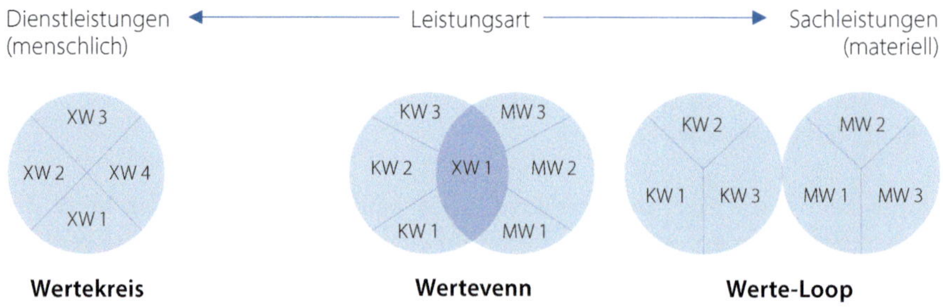

Legende: XW = Kultur- und Markenwert (Mischwert), KW = Kulturwert, MW = Markenwert

Dar. 17: Mögliche Profil-Zusammenhänge zwischen Kultur- und Markenwerten

Bei der Markenprofilierung empfiehlt es sich, soweit möglich, Adjektive zu finden – und keine Substantive zu verwenden, weil Adjektive deutlich aktivierender wirken. Der Markenwert »bodenständig« beispielsweise spricht wesentlich mehr an als »Bodenständigkeit«: »Wir sind...« kommt einem unweigerlich in den Sinn. Substantive wirken demgegenüber eher passiv, lassen sich aber nicht immer vermeiden. Zum Beispiel gibt es für das Wort »Expertise« kein perfekt passendes Adjektiv, bei den meisten Substantiven gibt es das schon. Grundsätzlich bietet sich für die Markenprofilierung ein dreistufiges Vorgehen an, bei dem zunächst alle denkbaren Markenwerte aus verschiedenen Quellen ermittelt, anschließend evaluiert und gruppiert und abschließend zu einem Markenprofil zusammengeführt werden, wie Darstellung 18 zeigt (vgl. hierzu ausführlich Kilian 2023, S. 82 ff.).

Analyse
Verdichtung (Bewertung)
Finalisierung
Stufe 1
Stufe 2
Stufe 3
Ermittlung denkbarer Markenwerte
Erstellung Potenzialliste
Filterung mit den KURS-Kriterien
Gruppierung und Priorisierung
Diskussion und Entscheidung
Expertengespräche mit Mitarbeitern
Expertengespräche mit Kunden
Wettbewerbsanalyse
Sichtung vorhandener Unterlagen
Bewertung vorgegebener Werte
Profil der Marke
Wert
Wert
Kern-wert
Wert
Wert
Purpose in einem Satz

Dar. 18: Vorgehen bei der Markenprofilentwicklung (Quelle: Vgl. Kilian 2023, S. 82)

2.3 Produkt

Während die Profilierung meist zeitaufwendig ist und viel Diskussionsbedarf hervorruft, ist die sachliche Beschreibung des eigenen Leistungsangebots auf Unternehmens- bzw. Produkt oder Dienstleistungsebene meist relativ schnell realisierbar. Im Prinzip geht es nur darum, die eigene Leistung und damit das »Was« möglichst kurz und verständlich in Worte zu fassen. (Die Bezeichnung »Produkt« wird hier umfassend gebraucht und beinhaltet auch Dienstleistungen.) Meist sind ein bis zwei Sätze ausreichend. Wie immer gilt: Kürzer ist besser, aber auch aufwendiger. Entscheidend ist, gedanklich auf der Metaebene zu bleiben und sich nicht im Klein-Klein der Leistungsbeschreibung zu verlieren.

2.4 Positionierung

Deutlich mehr Aufwand erfordert demgegenüber die Positionierung einer Marke. Die relative Position ergibt sich zum einen aus dem Vergleich der eigenen Markenbotschaft (Identität) mit der Markenbotschaft (Identität) relevanter Wettbewerber. In diesem Fall ist von einer markenbezogenen Positionierung die Rede. Zum anderen ist eine marktbezogene Positionierung möglich. Während die markenbezogene Positionierung auf Basis ausgewählter Markenwerte von der jeweiligen Branche abhängt, ist die marktbezogene Positionierung branchenübergreifend möglich, da die Marktstellung an sich herangezogen wird. Konkret werden bei der markenbezogenen Positionierung zwei oder drei Werte oder Wertebündel der eigenen Marke zu relevanten Wettbewerbsmarken in Bezug gesetzt (wobei in der Realität auch werteähnliche Attribute Verwendung finden). Demgegenüber sind bei der marktbezogenen Positionierung 10 Positionierungsansätze denkbar (▶ Dar. 19).

Dar. 19: Marken- und marktbezogene Positionierungsoptionen

Markenbezogen (Markenwerte)	**Marktbezogen** (Marktstellung)
• 2–3 Kriterien (Dimensionen) z. B. Einfachheit und Langlebigkeit oder Emotion und Qualität, wobei sich die Emotion z. B. aus mehreren Eigenschaften, wie fortschrittlicher Technologie und gutem Design, zusammensetzen kann • 2–3 Kriterienpaare (Pole) z. B. Zugehörigkeit vs. Unabhängigkeit oder Stabilität vs. Abenteuer	• Marktführer (Nr. 1) • Herausforderer (Nr. 2) • Original • Kategorisierung • Spezialisierung • Leuchtturmleistung • Nächste Generation • (Disruptives) Substitut • Referenz (Testimonial/Testat) • Markantes primäres Markenelement

Ergänzend zur Positionierung kommt es fallweise auch zu Repositionierungen, z. B. im Rahmen eines Relaunches, wobei drei mögliche Formen unterschieden werden können: Aktive, reaktive oder passive Repositionierungen (Feddersen 2010, S. 61 f.).

Während bei der aktiven Repositionierung gezielt technologische Neuerungen genutzt und/oder latente Kundenbedürfnisse adressiert werden, zielt die reaktive Repositionierung darauf ab, die bisherigen Bedürfnisse der Kunden besser zu erfüllen als der Wettbewerb, weshalb sie meist vom Marktführer angestrebt wird, um die Positionierung als Nr. 1 zu verteidigen. Bei der indirekten Repositionierung schließlich verändert sich die Marke selbst nicht, sondern die Wahrnehmung der Kunden oder die Wahrnehmung der Wettbewerbsmarken durch die Kunden wird verändert, was beides jedoch alles andere als trivial ist und nur selten erfolgreich. So hat es Tesla z. B. im Zusammenspiel mit Nichtregierungsorganisationen und politischen Entscheidungsträgern geschafft, die Wahrnehmung von Autos mit Verbrennungsmotoren deutlich zu verändern und auf diese Weise die eigenen Autos mit Elektroantrieb am Markt etabliert, Milliardensubventionen verschiedener Staaten inklusive.

2.4.1 Marktführer (Nummer 1)

Der Marktführer und damit die Nummer 1 am Markt wird fast immer besser eingeschätzt als die übrigen Marktteilnehmer. Es wird davon ausgegangen, dass der Marktführer nicht ohne Grund der »Platzhirsch« am Markt ist. Neben der Marktführerschaft ist auch eine Technologieführerschaft denkbar. So ist Frosch zwar nicht Marktführer bei Reinigungs- und Pflegeprodukten, gilt aber als führend bei ökologischen Reinigungsprodukten, was Überschneidungen zu weiteren Positionierungsansätzen erkennen lässt, insbesondere zur Positionierung als Original sowie zu den Positionierungsoptionen Kategorisierung und Spezialisierung.

Bekannte Beispiele für Marktführer sind Coca-Cola, Nike, Google und Zoom. Immoscout24 beispielsweise positioniert sich als »Die Nr. 1 für Immobilien«. Fielmann wiederum positionierte sich viele Jahre mit »Brille: Fielmann« als der (führende) Brillenanbieter. Mit »Deine Brille: Fielmann« tritt der Marktführer seit 2023 einerseits persönlicher auf, andererseits positioniert er sich nicht mehr klar als Nummer 1 am Markt, wie Brandtner (2023) betont: »Es mag zwar persönlicher und sogar kundenorientierter sein, aber es untergräbt den eigenen Marktführeranspruch.« Das ist nur bedingt sinnvoll, denn die Marktführer gelten in der Wahrnehmung der Zielgruppe fast immer als Maßstab, an dem sie den restlichen Markt messen. Fielmann läuft jetzt insbesondere bei jüngeren Zielgruppen Gefahr, diesen führenden Status zu verlieren.

2.4.2 Herausforderer (Nummer 2)

Für den Herausforderer im Markt ist es schwer, gegen den Marktführer zu bestehen. Häufig ist es ratsam, genau das Gegenteil des Marktführers zu machen. Hierdurch entsteht eine Dualität innerhalb des Marktes – es gibt einen starken Marktführer und einen starken Herausforderer. Burger King war beispielsweise jahrelang im Wettstreit mit McDonald's mit seinem Ansatz »gegrillt statt gebraten«

erfolgreich und Ritter Sport positioniert sich seit vielen Jahren als »knackige« Schokolade zum Abbeißen im Gegensatz zu Milka, die sich als zarte Schokolade zum Lutschen positioniert.

2.4.3 Original

Unabhängig von der Marktposition werden Originale spontan fast immer höher geschätzt als Kopien. Entscheidend dabei ist, nicht Erster am Markt zu sein, sondern Erster in den Köpfen der Kunden, weshalb Brandtner betont: »Besser Erster als besser« (2021, S. 26). Das weiß auch die Marke Frosch zu nutzen, die sich seit vielen Jahren als »Öko-Pionier der ersten Stunde« (Frosch 2023) präsentiert. Ähnlich wie Marktführer lösen Originale meist unbewusst starke Emotionen in ihrer Zielgruppe aus. Damit wird auch klar, dass eine Führungs- oder Originalposition viel stärker wirkt als eine Positionierung, die auf den Vorteilen oder Eigenschaften einer Marke beruht. Bekannte Beispiele sind Ben's Original Reisprodukte (früher: Uncle Ben's), Werther's Original Karamellbonbons (früher: Werthers Echte) und Original Wagner Steinofenpizzen.

2.4.4 Kategorisierung

Ist eine Marke weder Marktführer noch das Original, dann empfiehlt es sich häufig, eine neue Kategorie zu finden oder zu erfinden, in der man sich vom ersten Augenblick an als Marktführer präsentieren kann. Ernst Wagner beispielsweise erkannte 1985, dass eine weitere herkömmliche Tiefkühlpizza keine Chance gegen den Marktführer Ristorante von Dr. Oetker haben würde, und entschied sich deshalb dafür, die erste Steinofen-Fertigpizza zu lancieren. Er war damit in den Köpfen der Kunden ab der ersten verkauften Steinofenpizza in der gleichnamigen neuen Kategorie Marktführer.

In ähnlicher Weise hat sich der 2014 gegründete Fertigpizza-Anbieter Gustavo Gusto unter anderem mit »Teig von Hand schonend ausgebreitet« positioniert, allerdings das markante Differenzierungsmerkmal nicht klar und deutlich, z. B. durch ein entsprechendes Schlüsselbild oder einen Claim wie »Handgemacht mit Herz«, kommuniziert. Heute präsentiert Gustavo Gusto einen Blumenstrauß an Positionierungsideen von »auf Schamottstein vorgebacken« über »extra lange Reifezeit des Teigs« bis »einzeln von Hand geangelter Thunfisch«. Eine klare Positionierung ergibt das nicht, eine neue Kategorie auch nicht, weil die Kunden sie nicht klar benennen können. Deshalb ist es besser, eine Positionierungsidee klar und umfassend zu kommunizieren als mehrere nur halbherzig.

Paradebeispiel für eine gelungene Kategorienbildung ist Dr. Best mit der Erschaffung der »nachgebenden Zahnbürste«, die gleichzeitig alle übrigen Handzahnbürsten als »nicht nachgebend« repositioniert und deklassiert hat. Ähnliches ist Geox mit »dem Schuh, der atmet« gelungen. Red Bull wiederum hat mit seinen

Energy Drinks eine neue Subkategorie im Getränkemarkt erschaffen und bis heute als Marktführer verteidigt.

2.4.5 Spezialisierung

Auch durch eine Spezialisierung lässt sich eine Marke fokussieren und internationalisieren. Wenngleich dadurch das nationale Marktpotenzial möglicherweise eingeengt wird, so kann diese Positionierungsstrategie große Vorteile mit sich bringen. Denn oft werden Spezialisten spontan höher eingeschätzt als Generalisten und dadurch von den Kunden als wertvoller wahrgenommen. Durch die Positionierungsstrategie der Spezialisierung ist es sogar möglich, sowohl die tatsächliche als auch die wahrgenommene Qualität positiv zu beeinflussen. Zudem lässt sich eine Marke dadurch leichter als Vorreiter der Branche und damit als Marktführer präsentieren. Grundsätzlich sind mit Nische, Eigenschaft und traditionelle Zutat oder Machart drei Arten der Spezialisierung denkbar.

Den Nischenansatz wählen die meisten Hidden Champions. In Deutschland gibt es Simon zufolge fast 1.600 Europa- und Weltmarktführer, weltweit sind es etwa 3.400 (Simon 2021, S. 51). Ein Unternehmen gilt als Hidden Champion, wenn es mindestens auf einem Kontinent Marktführer ist oder weltweit zu den Top 3 zählt (Simon 2021, S. 23). Prägend ist die Fokussierung auf spezielle Kundenbedürfnisse, Kundengruppen und eigene Kernkompetenzen. Herrenknecht z. B. ist Weltmarktführer für Tunnelbohrmaschinen, Peri für Schalungssysteme und Teamviewer für Fernwartungslösungen. Der Nischenansatz funktioniert nicht nur für Hidden Champions, sondern auch für Unternehmen mit kleinerem Aktionsradius. Alpecin z. B. hatte sich zunächst auf Antischuppen-Shampoo für Männer und damit auf »Kopfhautprobleme« fokussiert. Später kam ergänzend der Problembereich Haarausfall bei Männern dazu, den das Unternehmen Dr. Kurt Wolff seitdem mit Erfolg adressiert. Heute gilt Alpecin als der führende Anbieter in der Nische »Haarprobleme von Männern«. Neben dem branchenbezogenen Nischenansatz kann auch eine charakteristische Eigenschaft der Marke, meist abgeleitet aus dem Profil oder Purpose der Marke, als Basis für die Spezialisierung dienen. Die Mercedes-Benz Group beispielsweise steht global für die Eigenschaft »Prestige«, BMW für »Fahrfreude«, Audi für »Technik«, Volvo für »Sicherheit« und Toyota für »Zuverlässigkeit«.

Alternativ kann auch eine traditionelle Zutat oder Machart als Positionierungsansatz dienen. Ein Beispiel hierfür ist erneut Wagner. Mit der Fertigpizza wird von den meisten Menschen die italienische Tradition des Pizzabackens im Steinofen verbunden. Lindt wiederum vermarktet die Idee »handgeschöpft«, wodurch die Schokolade automatisch besser bewertet wird als herkömmliche Industrieschokolade. Die Art der Zubereitung wird von vielen Kunden mit »so gut wie früher« verbunden, mit hochwertig und mit der Vorstellung einer Manufaktur anstelle von Massenfertigung. Durch ihr Spezialistentum sichern sich diese Marken eine überlegene Qualitätseinschätzung, die meist zu einer höheren Zahlungsbereitschaft und Markentreue führt.

2.4.6 Leuchtturmleistung

Daneben können ausgewählte Produkte oder Dienstleistungen für die Positionierung einer Marke herangezogen werden. Vielfach ist von Leadprodukten die Rede. Gemeint sind einzelne Leistungen, die besonders wirkungsstark sind und damit auf die gesamte Marke abstrahlen. Ist das Leadprodukt herausragend, wird unterstellt, dass alle Produkte und Dienstleistungen der Marke überdurchschnittlich gut sein müssen.

Bei Apple war viele Jahre lang der iPod das Leadprodukt. Seit 2007 ist es das iPhone. Es hat den Markenwert von Apple gemäß Interbrand von 5,6 Mrd. US$ im Jahr 2003 und 98,3 Mrd. US$ im Jahr 2013 auf 502,7 Mrd. US$ im Jahr 2023 steigen lassen, was (vereinfacht gerechnet) einem Plus von 489 % pro Jahr entspricht. Das Leadprodukt wirkte dabei wesentlich besser, als jede Marketingmaßnahme je hätte wirken können. Im Vergleich hierzu steht Sony, das seit dem Walkman 1979 kein echtes Leadprodukt mehr präsentiert hat, heute vom Markenwert her nur wenig besser da als im Jahr 2003. Der Markenwert ist seitdem lediglich von 13,2 Mrd. US$ auf 19,1 Mrd. US$ gestiegen und damit in 20 Jahren um bescheidene 2,2 % pro Jahr. Es ist deshalb häufig ratsamer, sich auf eine Leuchtturmleistung und damit auf herausragende Qualität und Klarheit zu konzentrieren als auf Markendehnungen und damit auf Quantität und Komplexität. Viele Kunden schätzen die Einfachheit von Leistungsangeboten, weil es ihnen die Entscheidungsfindung erleichtert. Wer ein iPhone kauft, muss sich primär entscheiden, ob er oder sie ein iPhone 13, 14 oder 15 mit 6,1- oder 6,7-Zoll-Display haben möchte. Wem das noch nicht genügt, dem bietet sich noch das de luxe Leuchtturmprodukt iPhone 15 Pro »aus Titan geschmiedet.«

2.4.7 Nächste Generation

Die verschiedenen Generationen des iPhones verdeutlichen zugleich den Ansatz der nächsten Generation. Mit dem Generationssprung kann sich eine Marke als Vorreiter positionieren, denn Kunden schätzen Produkte und Dienstleistungen der nächsten Generation höher ein als Vorgängerversionen. Bei der PlayStation geht Sony ähnlich wie Apple und Nintendo vor und lanciert in regelmäßigen Zeitabschnitten neue Modellgenerationen. Auch wenn technisch teilweise nur kleine Dinge geändert werden, so werden die neuen Produkte als besser wahrgenommen – und Kunden, die immer das Neueste haben müssen, greifen gewohnheitsmäßig zu.

Damit dieser Positionierungsansatz funktioniert, ist es wichtig, zunächst ein Produkt im Markt und in den Köpfen der Zielgruppe zu etablieren, mit dem die Vorgängerversion als »veraltet« dargestellt werden kann. Hierdurch kann eine eigene Markenwelt etabliert werden, die alte Technologien und Produkte als »Schnee von gestern« erscheinen lässt. Mit dieser Positionierungsstrategie lässt sich eine Marke von allen anderen Anbietern auf dem Markt abgrenzen. Dabei wird auf die Vorstellung gesetzt, dass sich niemand mit einem veralteten Produkt wirklich wohlfühlt – und zufriedengibt.

2.4.8 (Disruptive) Substitution

Mit neuartigen Ansätzen im Sinne von »schöpferischer Zerstörung« nach Schumpeter ist es möglich, bestehende Leistungsangebote zum Teil oder vollständig zu ersetzen. Bekannte Beispiele sind der App-Fahrdienstvermittler Uber, der die gesamte Taxibranche unter Druck gesetzt hat, der auf E-Auto fokussierte Hersteller Tesla, der seit Jahren die Anbieter von Autos mit Verbrennungsmotoren herausfordert, und das Onlinereiseportal Booking.com, das die meisten stationären Reisebüros verdrängt hat. Die Disruption führt dazu, dass das Neuartige als höherwertig und besser eingeschätzt wird. Zum Teil reicht es schon, ähnlich wie bei der nächsten Generation, dass etwas neu ist, neugierig macht und Kunden zum Ausprobieren animiert.

2.4.9 Referenz (Testimonial/Testat)

Auch Präferenzen und Empfehlungen Dritter können einer Marke helfen, in der Wahrnehmung ihrer Kunden positiver eingeschätzt zu werden. Hierbei können unbekannte Testimonials oder prominente Persönlichkeiten aus Sport, Musik, Mode sowie Film und Fernsehen (Celebritys) genauso helfen wie Social-Media-Stars, die allesamt als Influencer wirken – und damit als Beeinflusser von Kundeneinschätzungen. Die Influencer können als echte oder gespielte Experten und/oder Mitarbeiter bzw. Kunden auftreten.

Zahnbürsten von Oral-B beispielsweise besetzen eine medizinische Spitzenposition, da sie am häufigsten von Zahnärzten und Zahnärztinnen empfohlen und genutzt werden. Für Normalverbraucher ist es schlüssig, dieser Referenz durch Experten zu vertrauen. In ähnlicher Weise setzte Nespresso jahrelang auf den prominenten Schauspieler und Kaffeekenner George Clooney, während Fielmann viele Jahre lang in der Werbung die eigenen Mitarbeiter und Kunden zu Wort kommen ließ. Noch überzeugender als Testimonials wirken vielfach neutrale institutionelle Einrichtungen wie Stiftung Warentest, Institut Fresenius, TÜV und Dekra. Mit ihren positiven Testaten in Form von Gutachten, Testergebnissen und Auszeichnungen stärken sie spürbar die Marktposition von Marken. Durch diese »Beweise« über die tatsächliche Qualität entwickeln Kunden Präferenzen für die Marke, was wiederum positiven Einfluss auf die wahrgenommene Qualität nimmt. Hierbei ist es notwendig, dass die Referenz glaubwürdig ist und zur Marke passt.

Mit der wachsenden Zahl an Internethändlern haben auch Zielgruppenstimmen als Referenz enorm an Bedeutung gewonnen, z. B. die Bewertungen anderer Kunden bei Amazon. Die Evaluationen Dritter tragen mittlerweile vielfach spürbar zum Erfolg oder Misserfolg von Marken bei. Nichtsdestotrotz sollte eine Marke selbst für die Zielgruppe der stärkste Influencer sein. Die Fürsprache Dritter sollte lediglich unterstützend eingesetzt werden, um Abhängigkeiten zu vermeiden. Fallweise können auch Gründer oder Geschäftsführer sowie Charaktere oder Avatare als Testimonials eingesetzt werden. Beim Familienunternehmen Hipp beispielsweise bürgt seit vielen Jahren jeweils der aktuelle Chef des Babynahrungsherstellers mit seinem Namen für die Qualität der eigenen Produkte. Der Familienname Hipp ist bereits vor vielen Jahrzehnten zur Marke geworden. Mit dem Markenclaim »Dafür stehe ich mit meinem Namen« wird dieses Eigentestat klar verständlich kommuniziert.

Neben echten Menschen können auch Charaktere und damit fiktive Figuren wie Meister Proper, das Michelin-Männchen, der Goldbär von Haribo und die Lino-Werbefigur für die medizinischen Hautpflegeprodukte von Linola als Testimonials genutzt werden. Hinzu kommen heute vermehrt Avatare, die auch als Computer Generated Imagery (CGI), CGI Characters oder virtuelle Influencer bezeichnet werden. Durch die verschiedenen Arten der Personifizierung werden Marken vermenschlicht, was dazu beiträgt, dass das Vertrauen und die Wiedererkennung in der Zielgruppe steigen.

2.4.10 Markantes primäres Markenelement

Bei den zuvor beschriebenen Gründern, Geschäftsführern und Charakteren handelt es sich zugleich um primäre Markenelemente. Weitere primäre Markenelemente, die für die Positionierung einer Marke herangezogen werden können, sind insbesondere der Markenname, der Claim, das Logo, passend gewählte Farben und Formen sowie markante Schriften und Schlüsselbilder (▶ Dar. 20).

Während sich inhaltliche Abgrenzungsmöglichkeiten (Differentiation) über Markenwerte ergeben, kann die gestalterische Kennzeichnungskraft (Distinctiveness) über Markenelemente erreicht werden. Romaniuk (2018) spricht deshalb im gleichnamigen Fachbuch von »Building Distinctive Brand Assets«, die sich meist rechtlich absichern lassen und damit »geschützte Werte« darstellen, wohingegen Markenwerte nicht schutzfähig sind, außer indirekt z. B. über dahinterstehende, patentierte Technologien.

Neben den zehn branchenübergreifenden Positionierungsansätzen gibt es mit der Herkunft und dem Preis zwei Einflussfaktoren, die es ebenfalls im Blick zu behalten gilt. Zudem können die marken- und marktbezogenen Positionierungsoptionen kombiniert werden. Es ist z. B. möglich, sich als Marktführer anhand der Werte Funktionalität und Stabilität gegenüber dem Wettbewerb zu positionieren. Ziel aller Positionierungsansätze ist es, gewünschte Vorstellungen in den Köpfen der Kunden und Nichtkunden zu verankern, zu verstärken oder zu verändern, denn »the only reality that counts is what's already in the prospect's mind.« (Ries, Trout 2001, S. 5) Es geht meist nicht darum, etwas Neues in den Köpfen der Kunden zu plazieren, sondern bestehende Vorstellungen in gewünschter Weise zu beeinflussen und die eigene Marke in die vorhandenen Wissensstrukturen einzuflechten, z. B. in das Wissen, dass der Kauf beim Marktführer eine sichere Wahl darstellt. Durch Selektion und Konzentration auf einen einzigen für die Kunden relevanten Vorteil des eigenen Angebots kann die Segmentierung des Marktes und die Positionierung des eigenen Leistungsangebots noch pointierter ausgestaltet werden. Basis hierfür ist das eigene Markenprofil.

Dar. 20: Beispiele markanter primärer Markenelemente

Primäres Markenelement	Beispiel	Illustration
Name	die Helm-Manufaktur Casco	CASCO
Claim	»Just do it« von Nike	JUST DO IT
Logo	die zwei gelben Bögen von McDonald's	
Farbe	die Telekom-Farbe Magenta	
Form	die quadratische Form von Ritter Sport	Ritter SPORT 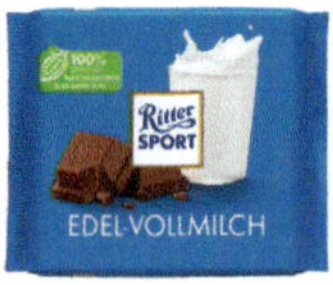
Schrift	der geschwungene Coca-Cola-Schriftzug	Coca-Cola
Schlüsselbild	die Krombacher-Insel	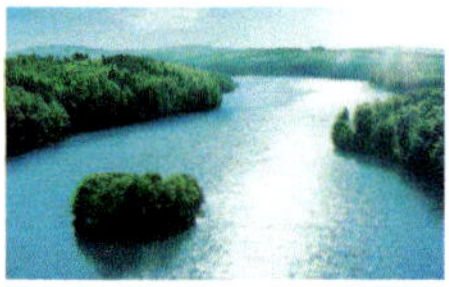

2.5 Perspektive

Die Perspektive als fünfter und letzter Bestandteil der Markencharakterisierung wird bis heute meist als Vision bezeichnet. Sie richtet den Blick in die Zukunft und beschreibt, wohin sich eine Marke, dem Management zufolge, in den nächsten fünf bis acht Jahren entwickeln sollte. Die Vision bzw. Perspektive ist somit ein richtungsweisendes, verständliches und realisierbares Zukunftsbild, das die Mitarbeiter des Unternehmens dazu anspornt, »an einem Strang in die gleiche Richtung zu ziehen«. Die Perspektive macht klar: Wohin wollen wir?

Daraus abgeleitet gilt es rollierend Aktivitäten festzulegen, die das Erreichen der formulierten Perspektive wahrscheinlich werden lassen. Klassische Perspektiven sind das Erreichen der Marktführerschafft, das Erzielen eines bestimmten Umsatzes oder Gewinns, die erfolgreiche Erschließung eines neuen Marktes oder Marktsegments. Auch soziale, ökologische und gesellschaftliche Zielsetzungen sind denkbar, wobei es sich um möglichst konkrete, vom Unternehmen beeinflussbare Ziele handeln sollte.

3 Elemente – Design- und Gestaltungselemente auswählen

Ausgehend von den fünf Bestandteilen des Markencharakters gilt es diese bei neuen Marken in Markenelemente zu übersetzen, die auch als Design- und Gestaltungselemente bezeichnet werden. Markenelemente sind gestalterische Ausdrucksformen des Markencharakters, meist einfache konzeptionelle Einheiten, die gezielt ein oder zwei Sinneskanäle ansprechen (z. B. Farbe, Form, Ton, Bild). Sie tragen dazu bei, die mit einer Marke verbundenen Assoziationen zu steuern und die Wiedererkennung zu maximieren, wobei zwischen primären und sekundären Markenelementen unterschieden werden kann (▶ Dar. 21).

Dar. 21: Die wichtigsten primären und sekundären Markenelemente

Primäre Markenelemente	**Sekundäre** Markenelemente
Ausdruck der Markenbotschaft durch… • Name (inkl. Domain) • Claim (Slogan) • Logo, Symbol, Schlüsselbild • Design (Form, Farbe, Schrifttyp) • Sprache, Klänge, Geräusche • Haptik (insb. Oberflächen) • Olfaktorik (Duft) • Gustatorik (Geschmack)	**Anreicherung** der Markenbotschaft durch… • Herkunftsland oder Region • Lizenzierungen (z. B. Lieder) • Testimonials (z. B. Influencer) • Sponsoring von Veranstaltungen • Markenallianzen, Co-Branding • Neutrale Institutionen • (z. B. Gütesiegel, Testberichte) • Vertriebskanäle Dritter

Primäre Markenelemente werden auch als Branding, Brandingelemente oder Markenstilistik bezeichnet. Sie gehören üblicherweise dem Unternehmen und veranschaulichen einzelne oder alle Markenwerte, wohingegen sekundäre Markenelemente rechtlich meist Dritten zuzuordnen sind und die Marke assoziativ anreichern.

Zu den zentralen primären Markenelementen zählen neben Name, Logo und Claim vor allem Farben, Formen und Schriften. In ihrer Gesamtheit bringen die Markenelemente zum Ausdruck, wofür die Marke steht bzw. wofür sie stehen soll. Bei bestehenden Marken sind die zentralen Markenelemente regelmäßig auf Stimmigkeit zum Markencharakter und untereinander zu prüfen. Fallweise empfiehlt es sich, weitere Design- und Gestaltungselemente einzuführen, z. B. Schlüsselbilder, Charaktere oder Klänge. Zudem sollte sichergestellt werden, dass die festgelegten Markenelemente operativ auch tatsächlich umgesetzt werden – und umgesetzt werden können. Die Umsetzbarkeit hängt von den Möglichkeiten der bespielten Medien und Märkte ab. Von besonderer Bedeutung sind der Markenname und das Markenlogo, da sie fast immer den Markenauftritt dominieren und zudem, sofern handwerklich gut gemacht, langfristig markenrechtlich geschützt sind. Zudem fungieren beide als Wissensspeicher, die alle Erfahrungen mit der Marke in sich vereinen.

3.1 Markenname

Als Herzstück jeder Marke erfüllt der Markenname vier zentrale Funktionen. Er dient der Identifikation, ermöglicht eine klare Differenzierung, sorgt für Sympathie und gibt Orientierung. Idealerweise bringt der Markenname zentrale Aspekte des Markencharakters direkt oder indirekt zum Ausdruck. Zudem sollte eine klare Abgrenzung zum Wettbewerb möglich sein, was durch einen kreativ gestalteten, einmaligen Markennamen erreicht werden kann. Wenn der Name zudem noch sympathisch »rüberkommt« und innerhalb einer Fülle von Angeboten Orientierung bietet, kann von einem starken Markennamen gesprochen werden.

Ein starker Markenname trägt dazu bei, dass ein Unternehmen bzw. seine Leistung zum Begriff wird und dass Erfahrungen damit im Gedächtnis optimal abgespeichert werden können. Insbesondere bei neuartigen Geschäftsideen und innovativen Lösungen sind Markennamen von zentraler Bedeutung. Zu den zentralen Anlässen für neue oder modifizierte Markennamen zählen:

- Gründung
- Fusion, Übernahme, Ausgliederung oder Verkauf
- Wirtschaftliche Probleme bzw. Imageschaden
- Innovation oder Neuausrichtung
- Internationalisierung

Der für die Entwicklung eines neuen Markennamens notwendige Aufwand sollte dabei nicht unterschätzt werden. Ein systematisches Vorgehen ist bei mehr als 25 Millionen registrierten Marken weltweit absolut ratsam. Die zunehmende internationale Verflechtung tut ein Übriges. Dabei gilt es zu bedenken, dass die sieben Hauptsprachen der EU lediglich 1.300 Wörter gemeinsam haben und von 20 in die engere Wahl gezogenen Markennamen nach der juristischen Überprüfung meist nur zwei bis drei schutzfähig sind, da allein für Deutschland rund 2 Millionen Marken geschützt sind. Gleichzeitig ist der aktive Wortschatz äußerst begrenzt. Während wir, je nach Bildungsstand, bis zu 100.000 Wörter passiv verstehen, umfasst der aktive Wortschatz eines Erwachsenen meist nur 12.000 bis 16.000 Wörter, darunter 3.500 Fremdwörter und zahlreiche Markennamen.

Ein gut gewählter Markenname ist deshalb ein zentraler Erfolgsfaktor von Marken, wenn nicht sogar der zentrale überhaupt. Insbesondere für innovative Leistungen und für die Erschließung neuer Märkte mit eigener Sprachkultur bietet sich die Entwicklung neuer Markennamen an. Markennamen verleihen einer neuen, bis dato anonymen Leistung einen eigenen Charakter. Sie verbessern dadurch die Unterscheidungsfähigkeit von Wettbewerbsmarken der gleichen Leistungskategorie und erhöhen die Wahrscheinlichkeit, als eine von 80.000 bis 90.000 jährlich in Deutschland beworbenen Marken tatsächlich wahrgenommen zu werden. Neben der Namensfindung für eine neue Leistung kann auch die Überprüfung eines bestehenden Namens im Hinblick auf dessen gewünschte Wirkung eine Anpassung oder Neuentwicklung eines Markennamens notwendig machen.

Grundsätzlich können vier Typen von Markennamen unterschieden werden: Markennamen mit semantisch-phonetischem, semantisch-deskriptivem oder assoziativem Leistungsbezug und Namen ohne Bezug zur Leistung (▶ Dar. 22).

Dar. 22: Typologie von Markennamen

Bezug zum Angebot		Bedeutungsgehalt	
		Nein*	Ja
inhaltlich beschreibend:	semantisch	• SAP • BMW • BASF	• Swatch • Lufthansa • Sparkasse
klangbildlich beschreibend:	phonetisch	• Wick • Pulmoll • Tempur	• Taft • Bizzl • Crunchies
symbolisch:	assoziativ	• Lexus • Nutella • Novartis	• Shell • Penny • Du darfst
ohne:	neutral	• Esso • Lego • Xerox	• Yes • Golf • Apple

* Nicht vorhanden bzw. im Fall von Akronymen in der Abkürzung verborgen

Zunächst lassen sich Markennamen mit semantischem Leistungsbezug identifizieren, die inhaltlich mit möglichst hilfreichen Bedeutungen aufgeladen sind. Hierzu zählen u. a. die Marken SAP (Akronym von Systemanalyse Programmentwicklung) und Sparkasse. Während sich bei SAP der Bedeutungsgehalt in der Abkürzung verbirgt, lässt sich bei der Sparkasse die Verbindung zur Leistung direkt aus dem Wort selbst herleiten.

Daneben können Leistungen mit phonetischen Namen bezeichnet werden, deren Klangbild indirekt die gewünschte Wirkung herbeiführt: Bei Wick spürt man schon im Markennamen das Kratzen im Hals und Pulmoll lädt förmlich zum Lutschen der Bonbons ein. Das Wort Tempur wiederum wirkt weich und rein und passt deshalb sehr gut zur gleichnamigen Marke für Matratzenschaum, auf den man sich gern bettet und der sich sanft temperaturabhängig verformt.

Demgegenüber ist der Bezug bei symbolischen Markennamen wie Landliebe oder Obsession assoziativer Natur. Die beiden genannten Marken sind genauso bedeutungsgeladen wie Penny oder Du darfst, wohingegen der Bedeutungsgehalt bei Lexus, Nutella und Novartis nicht (sofort) erkennbar ist. Viertens können auch neutrale Namen ohne Bezug zur Leistung Verwendung finden. Dazu zählen u. a. die Marken Esso, Lego und Xerox. Auch wenn Esso die gesprochene Abkürzung von Standard Oil (S. O.) darstellt, Lego von den dänischen Worten »Leg godt« (»spiel gut«) abgeleitet wurde und Xerox dem griechischen Wort xeros (trocken) entlehnt wurde, so sind diese Zusammenhänge heute nur noch den Wenigsten bekannt.

Unternehmen, die sich nicht wie August Horch (Audi) und Manfred Maus (Obi) auf eine Eingebung oder einen glücklichen Zufall verlassen möchten, empfiehlt sich das vom Autor entwickelte, sechsstufige ZEBRAS-Vorgehen mit den Phasen Zielsetzung, Entwicklung, Beurteilung, Ranking, Auswahl und Schutz. In Darstellung 23 sind zentrale Bestandteile der sechs Phasen des Namensentwicklungsprozesses wiedergegeben.

Bei der Festlegung der Namensziele müssen zentrale Anforderungen an den Namen, mögliche Ausschlüsse, der Zielmarkt und die Zielgruppe, der Markencharakter, die Namensstilistik, der rechtliche Schutz und das Zeitfenster, das für die Namensentwicklung zur Verfügung steht, spezifiziert werden, unabhängig davon, ob der Name Inhouse oder durch eine Naming Agentur entwickelt wird. Fallweise wird auch beides parallel durchgeführt. Zu den Anforderungen zählt u. a. die Handhabungsfähigkeit von Marken. Gemeint sind die typische Anwendungssituationen, die graphische Umsetzbarkeit in Logos und Slogans sowie die Integrierbarkeit in das vorhandene Markenportfolio und die Unternehmensstrategie.

In der Entwicklungsphase werden häufig Kreativitätstechniken und Computerprogramme, z. B. zur Generierung von Buchstabenneukombinationen (Anagramme), eingesetzt. Auf diese Weise entstand beispielsweise abgeleitet vom Wort ideal die Marke Elida. Auch Mitarbeiter und Kunden können im Rahmen von Wettbewerben und Gewinnspielen in die Namensfindung eingebunden werden. Im Folgenden sind häufig verwendete Inspirationsquellen genannt:

- Liste mit Schlüsselbegriffen zum Unternehmen bzw. zur Leistung
- Übersetzung dieser Schlüsselbegriffe in 5 bis 7 Sprachen
- Namen und Bezeichnungen involvierter Personen, Orte und Länder
- Mythologische sowie historische Namen und Bezeichnungen
- Geographische und meteorologische Bezeichnungen
- Tier- und Pflanzennamen sowie Namen von Materialien

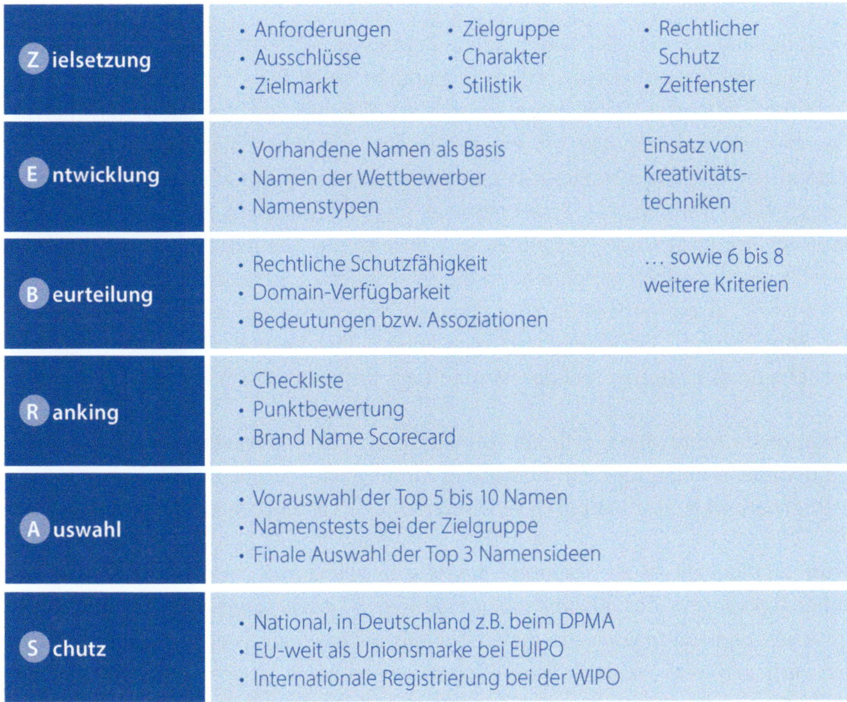

Dar. 23: Die sechs Phasen der ZEBRAS-Namensentwicklung

Vielfach empfiehlt es sich, professionelle Namensagenturen mit einbeziehen, z. B. Endmark (Bernd Samland), Gotta Brands (Manfred Gotta), Innomark (Thomas Schiefer), Namestorm (Mark Leiblein) oder Nomen (Sybille Kircher).

Für die Namensideen sind – vor der tatsächlichen Bewertung – Beurteilungskriterien festzulegen, die sich aus der Zielsetzung ableiten. Anschließend gilt es, die ausgewählten Kriterien mit Hilfe einer Präferenzmatrix zu gewichten, um sie im Rahmen eines Punktwertverfahrens (Scoring-Modell) beurteilen zu können. Zu den 10 wichtigsten Kriterien zählen:

- Rechtliche Schutzfähigkeit (D/EU/IR)
- Domain-Verfügbarkeit (z. B. .com, .de und .net)
- Bedeutungen bzw. Assoziationen (allgemein, in der Branche, mit Bezug zum Markt bzw. zur Leistung, international/sprachübergreifend)

- Verwechslungsgefahr (mit anderen Begriffen/Marken)
- Klangwirkung (z. B. hart/weich; melodisch)
- Schriftbild (Hebungen/Senkungen; Punkt(e); Wiederholungen, Symmetrien)
- Schreibweisen (Umlaute, Eszett/scharfes S, Bindestrich)
- Aussprache (Klarheit/Mehrdeutigkeit)
- Anzahl Zeichen (Wortlänge)
- Anzahl Google-Treffer

Anschließend werden die Namen anhand einer vorher festgelegten Checkliste oder mit Hilfe der genannten Kriterien im Rahmen einer Punktbewertung (Nutzwertverfahren) bewertet. Dabei bietet es sich an, Kunden und ggf. auch Marktpartner einzubinden. Insbesondere bei einem für den internationalen Einsatz gedachten Markennamen sollten Namenstests in allen relevanten Sprach- und Kulturkreisen durchgeführt werden. Die Testergebnisse dienen zusammen mit dem Ranking als Basis für die endgültige Namenswahl. Während die Schutzfähigkeit bereits zuvor geprüft wurde, erfolgt abschließend die tatsächliche Eintragung und Registrierung des ausgewählten Namens und der dazugehörigen Domain. Grundsätzlich muss bei der Entwicklung, Gestaltung und rechtlichen Absicherung eines Markennamens mit folgenden Kosten gerechnet werden (vgl. Kilian 2023, S. 138 f.):

- Nationale Anmeldung, z. B. für eine Bäckerei: ca. 3.000 Euro
- EU-weite Anmeldung, z. B. für eine Brauerei: ca. 30.000 Euro
- Internationale Anmeldung in 48 Ländern: ca. 230.000 Euro

Grundsätzlich gilt es zu beachten, dass die Entwicklungs- und Anmeldekosten, in Abhängigkeit von der Anzahl einzutragender Klassen sowie der Anzahl Länder, Sprachen und Kulturkreise, in denen die Marke verwendet werden soll, z. T. erheblich variieren. Was auf den ersten Blick teuer erscheint, ist aber zwingend geboten, da die Einführung einer Marke ohne umfassende Recherche und den notwendigen Rechtsschutz folgende Gefahren mit sich bringt:

- Schadenersatz gegenüber einem eventuellen Markeninhaber
- Kosten durch den Rückruf und die Vernichtung von Produkten, Verpackungen, Broschüren etc.
- Kosten und Zeitbedarf für die Entwicklung und Einführung eines neuen Markennamens
- Imageschaden durch den Rückruf und die Namensänderung bei Kunden und Partnern

Damit verbunden sind weitere Kosten, vor allem aber läuft ein Unternehmen Gefahr, Wettbewerbern Zeit zu geben, selbst mit einer vergleichbaren Leistung auf den Markt zu kommen. Dies kann dazu führen, dass (potenzielle) Kunden an den Wettbewerb verloren werden.

Für den Markenschutz ist zunächst die angestrebte geographische Reichweite des Schutzes festzulegen, insbesondere ist zu klären, ob die Marke deutschland-, europa- oder weltweit geschützt werden soll. Für Deutschland erfolgt die Anmeldung beim Deutschen Patent- und Markenamt (DPMA) in München. Soll ein EU-weiter Schutz erlangt werden, muss die Marke als Unionsmarke beim Amt der Europäischen Union für Geistiges Eigentum (EUIPO) in Alicante (Spanien) angemeldet werden. Wird weltweiter Markenschutz angestrebt, dann erfolgt die internationale Registrierung bei der World Intellectual Property Organization (WIPO) in Genf (Schweiz).

Daneben ist es wichtig zu überlegen, für welche der insgesamt 45 Klassen (34 für Waren, 11 für Dienstleistungen) der sog. Nizza-Klassifikation die Anmeldung erfolgen soll. Klasse 12 beispielsweise beinhaltet »Fahrzeuge und Apparate zur Beförderung auf dem Lande, in der Luft oder auf dem Wasser«, Klasse 25 »Bekleidungsstücke, Schuhwaren und Kopfbedeckungen«. Grundsätzlich schutzfähig sind alle Marken, die »geeignet sind, Waren oder Dienstleistungen eines Unternehmens von denjenigen anderer Unternehmen zu unterscheiden.« (§ 3 Abs. 1 MarkenG) Typische Ausprägungen sind »alle Zeichen, insbesondere Wörter einschließlich Personennamen, Abbildungen, Buchstaben, Zahlen, Hörzeichen, dreidimensionale Gestaltungen einschließlich der Form einer Ware oder ihrer Verpackung sowie sonstige Aufmachungen einschließlich Farben und Farbzusammenstellungen« (§ 3 Abs. 1 MarkenG). Schutzfähig sind somit u. a. Wortmarken, Buchstaben, Zahlen, Logos, Hörmarken und Tastmarken.

Einer Anmeldung stehen möglicherweise absolute Schutzhindernisse (§ 8 MarkenG) entgegen. Hierzu zählen beispielsweise Zeichen, die nicht über ein Mindestmaß an gestalterischer Eigenständigkeit verfügen, oder Formen, die sich aus der Art der Ware ergeben bzw. zur Erreichung einer technischen Wirkung zwingend erforderlich sind. Daneben gibt es eine Reihe relativer Schutzhindernisse (§ 9 MarkenG), die, wenn sie von einem anderen Markenrechtsinhaber mittels Widerspruchsverfahren oder Nichtigkeitsklage erfolgreich geltend gemacht werden, den Schutz der eigenen Marke verhindern. In den meisten Fällen sind dies fremde, prioritätsältere Schutzrechte, die grundsätzlich Schutz vor jüngeren Zeichen genießen. Neben identischen Marken können auch Verwechslungsgefahr oder Ausnutzung bzw. Beeinträchtigung bekannter Marken ein relatives Schutzhindernis darstellen. Es empfiehlt sich deshalb neben einer selbst durchführbaren Identitätsrecherche von einem Rechtsanwalt für Gewerblichen Rechtschutz eine umfassende Ähnlichkeitsrecherche im Hinblick auf das Schriftbild (z. B. Nike vs. Mike), das Klangbild (Nike vs. Naiky) und die Bedeutung (z. B. Zwerg vs. Gnom) durchführen zu lassen.

Wurde eine Marke zur Eintragung angemeldet und erfolgte aufgrund fehlender absoluter Schutzhindernisse die Eintragung in das Markenregister, sollte man nach Veröffentlichung der Eintragung sicherheitshalber noch drei Monate verstreichen lassen, da innerhalb dieser Frist Widersprüche Dritter gegen die Eintragung geltend gemacht werden können. Gleichzeitig sollte darauf geachtet werden, die Marke innerhalb eines Zeitraums von fünf Jahren nach Eintragung auch tatsächlich zu nutzen, da sie ansonsten löschungsreif wird. Eine Verlängerung der Schutzfrist um weitere zehn Jahre ist nach Ablauf von jeweils zehn Jahren durch Zahlung der entsprechenden Gebühr möglich – und üblich.

Parallel zum Markenschutz gilt es meist, sich Gedanken über die gestalterische Darstellung des Markennamens zu machen. In rechtlicher Hinsicht wird hierbei zwischen Wortmarken, Wortbildmarken und Bildmarken unterschieden. Bei Wortmarken geht es um den Schutz eines Wortes an sich, bei Wortbildmarken um den Schutz des Wortes in der angemeldeten Darstellungsweise und bei Bildmarken um den Schutz der Darstellung an sich (▶ Dar. 24).

Dar. 24: Beispiele für Wortmarken, Wortbildmarken und Bildmarken

Sobald der Name am Markt Verwendung findet, beginnt die inhaltliche Aufladung mit Markenwissen. Die Kunden, Mitarbeiter und weitere Interessengruppen verknüpfen mit dem Markennamen mit der Zeit eine ganze Reihe an Assoziationen. Im Markennamen vereinen sich auf diese Weise, bei jedem Menschen unterschiedlich, alle Erfahrungen mit einer Marke, was meist als Markenwissen bezeichnet wird. Ergänzt wird der Markenname häufig inhaltlich durch einen Markenclaim, der etwas für eine Marke »reklamiert«, sprich einen Anspruch formuliert, den die Marke aus Sicht des Unternehmens erfüllt. Vielfach kommt auch ein Markenlogo zum Einsatz.

3.2 Markenlogo

Logos sind graphische Elemente, die ein Unternehmen bzw. sein Leistungsangebot repräsentieren, wobei zwischen Logos mit mehr oder weniger stark ausgeprägten graphischen Elementen in Schrift- und/oder Bildform unterschieden werden kann. Bildlogos lassen sich ausgehend von ihrer Zeichenbedeutung weiter unterscheiden in symbolische, indexikalische und ikonische Logos (▶ Dar. 25).

Symbolische Logos entstehen durch Lernvorgänge und Vereinbarungen zwischen Menschen. In diese Kategorie fallen alle abstrakten Logos. Hierzu zählen z. B. die drei Streifen von Adidas, die beiden überlappenden farbigen Kreise bei Mastercard und der Stern von Mercedes-Benz. Die Verbindung zwischen den genannten Logos und Marken ergibt sich nicht sachlogisch. Sie muss erlernt werden. So wie erst gelernt werden musste, dass ein »Krokodil« symbolisch für die Marke Lacoste steht.

Dar. 25: Beispiele für symbolische, indexikalische und ikonische Logos

Indexikalische Logos weisen demgegenüber einen indirekten Bezug zur Marke auf. Indexikalisch sind Zeichen, die durch eine direkte reale (z. B. kausale) Beziehung zwischen »Anzeichen« und Objekten aufgebaut werden. Ein Beispiel hierfür ist Rauch als Anzeichen für Feuer. Indexikalische Logos kommunizieren folglich visuell bestimmte Eigenschaften und/oder Leistungsfelder der Marke. Bei der Bausparkasse Schwäbisch-Hall erfolgt dies über die vier Steine, bei UPS über das schützende Schild und beim World Wide Fund For Nature (WWF) über den Panda.

Ikonische Logos schließlich verfügen aufgrund ihrer konkreten Ausgestaltung über eine sehr hohe Ähnlichkeit mit dem Markennamen. Sie sind meist dessen Abbild. Typische Beispiele sind das Muschel-Logo des Mineralölkonzerns Shell, der sechszackige Stern der Zeitschrift Stern und der Futternapf samt Hund und Katze von Heimtierbedarfsanbieter Fressnapf.

3.3 Markenclaim

Neben Logos zählen auch Claims bzw. Slogans zu den zentralen primären Markenelementen. Markenclaims bringen meist zentrale Bestandteile des Markencharakters sprachlich kreativ auf den Punkt, machen deutlich, was die Marke anbietet bzw. was sie auszeichnet oder veranschaulichen, warum eine Marke gekauft werden sollte. »Lidl lohnt sich« beispielsweise vermittelt die Preiswürdigkeit des Discounters, »Just do it« die Nike-Botschaft, dass jeder von uns Sport treiben kann – und sollte. Demgegenüber lassen sich Slogans als kurze, prägnante Werbetexte definieren. Die Volksbanken werben z. B. mit dem Slogan »Banking, so flexibel wie Ihr Business«, Finn Comfort mit »Der Schuh zum Wohlfühlen« und Gerolsteiner mit »Extra viele Mineralien für extra lange Meetings«.

Vom Autor werden die beide Bezeichnungen Claim und Slogan meist synonym verwendet. Demgegenüber scheint eine Unterscheidung zwischen Markenclaim

(Markenslogan) und Kampagnenclaim (Kampagnenslogan) deutlich hilfreicher. Während ein Markenclaim als fester Bestandteil der Markenbotschaft gilt, da er langfristig zum Markenauftritt gehört, wird der Kampagnenclaim meist nur zeitlich und medial begrenzt eingesetzt, z. B. zur Einführung eines neuen Produkts.

Zu den Aufgaben von Markenclaims gehört es, die Bekanntheit und das Image der Marke zu unterstützen, den Markennamen mit der Leistung zu verbinden und die Wiedererkennung der Marke zu erhöhen. Kampagnenclaims lassen sich demgegenüber als kurze Phrasen beschreiben, die in der Kommunikation zur Vermittlung rationaler Informationen und/oder emotional wirkender Inspirationen eingesetzt werden. Die Marke Badischer Wein z. B. verwendet den Markenclaim »Von der Sonne verwöhnt« und ergänzend den Kampagnenclaim »Wein aus Baden – Sonne im Glas!« Demgegenüber nutzt Continental »The Future in Motion« als Markenclaim und »Unser Ziel: Reifen, die Sie sicher ans Ziel bringen« als Kampagnenclaim.

Sowohl Marken- als auch Kampagnenclaims lassen sich, im Gegensatz zu Markennamen und -logos, im Zeitverlauf leicht anpassen und auf verschiedene Anwendungsgebiete und Zielgruppen abstimmen. Inhaltlich und gestalterisch gibt es viele kreative Möglichkeiten für die Ausformulierung von Marken- und Kampagnenclaims. Die 10 wichtigsten Gestaltungsstile von Claims sind in Darstellung 26 wiedergegeben (vgl. ausführlich Kilian 2023, S. 110 ff.).

Dar. 26: Die häufigsten Gestaltungsstile von Claims mit Beispielen

Stilistik	Beispiel
Alliteration	»Meßmer macht meinen Moment«
Appell	»Think different.« (Apple)
Beschreibung	»Kneipp wirkt. Natürlich.«
Doppeldeutigkeit	»Einzig. Nicht artig.« (Toblerone)
Gegensatz	»Außen Toppits, innen Geschmack«
Haltung	»Echte Liebe.« (Borussia Dortmund)
Leistungsversprechen	»Damit fahren Sie besser!« (Auto Bild)
Reimschema	»3… 2… 1… meins!« (eBay)
Wortspiel	»Die Passtbank« (Postbank)
Wiederholung	»Gute Preise. Gute Besserung« (Ratiopharm)

Die genannten Stilarten kommen bei der erstmaligen Entwicklung eines Claims genauso zur Anwendung wie bei der Änderung eines bestehenden Claims, wobei es fünf zentrale Anlässe gibt, warum Unternehmen einen Claim entwickeln:

- (Re-)Positionierung einer Marke
- Durchführung einer (neuen) Werbekampagne
- Verschmelzung zweier Marken
- Namenswechsel
- Rechtliche Restriktionen

Was rechtliche Restriktionen betrifft so musste Actimel beispielsweise seinen eingängigen Claim »Actimel activiert Abwehrkräfte« 2012 zurückziehen, weil er unter die damals neue Health-Claims-Verordnung der EU gefallen war und der Hersteller der Joghurtdrinks nicht den Nachweis erbringen konnte, dass Actimel tatsächlich die Abwehrkräfte aktiviert. Ähnliche Entwicklungen sind zwecks Vermeidung von Greenwashing durch die Green-Claims-Verordnung der EU zu erwarten.

Neben der rechtlichen Zulässigkeit eines Claims, z. B. bei Lebensmitteln, gilt es eine ganze Reihe Anforderungen im Blick zu behalten, wenn ein Claim entwickelt werden soll. Bei einem Claim für die Unternehmensmarke ist es wichtig, dass der Claim dem gesamten Unternehmen gerecht wird und dessen Besonderheiten zum Ausdruck bringt. Auch bei Produkt- und Dienstleistungsclaims muss sichergestellt sein, dass sie zur beworbenen Leistung und im weiteren Sinne zum Unternehmen passen. Schwieriger wird es, wenn es sich um größere Marken handelt, die in eine umfassende Unternehmensstruktur eingebunden sind.

Demgegenüber ist nicht bei jeder Werbekampagne ein Kampagnenclaim erforderlich. Alternativ kann ein Unternehmen beispielsweise auch einfach den Markenclaim verwenden. McDonald's beispielsweise nutzt in seinen Werbekampagnen regelmäßig seinen Markenclaim »Ich liebe es«. Ein Kampagnenclaim kann notwendig werden, wenn z. B. ein neues Produkt oder eine neue Dienstleistung erst durch die Verbindung mit dem Markenclaim verständlich wird, weil der Markenname eher abstrakt gehalten ist.

3.4 Grenzfälle zwischen Name und Claim

In den meisten Fällen ergänzen sich Markenname und Markenclaim geschickt. Fallweise verschwimmt auch die Grenze zwischen beiden Markenelementen. Das ist insbesondere der Fall, wenn Aussagen zu Namen verdichtet werden, wenn Namen so lang wie Claims sind und wenn Namen durch Claims umgedeutet werden. Grundsätzlich gilt: Der Markenname ist der visuelle und akustische Anker jeder Marke, egal ob es sich ein Unternehmen, ein Produkt oder eine Dienstleistung handelt. Wir sehen und hören Marken – und dabei fast immer den Markennamen. Das gilt auch für vertonte Claims wie »Wenn's um Geld geht – Sparkasse«. Die dazugehörige Melodie dürften die meisten »im Ohr« haben. Sie erleichtert es, den Claim zu erinnern. Dass die Universalbank bereits seit Frühjahr 2021 mit dem ähnlich klingenden Claim »Weil's um mehr als Geld geht – Sparkasse« wirbt, dürfte den meisten noch nicht aufgefallen sein, was unter anderem daran liegt, dass wir den bisherigen Claim nur schwer »aus dem Ohr« bekommen.

Die Beziehung zwischen Markenname und Markenclaim ist vielschichtig. Zunächst einmal vermitteln Claims fast immer, wozu Markennamen aufgrund ihrer Kürze nicht in der Lage sind: Zentrale Charakteristika oder Leistungsmerkmale der Marke. Claims sind in der Regel länger als Markennamen und haben damit mehr Möglichkeiten, das Besondere einer Marke in Worte zu fassen. Fallweise werden Markennamen auch in Claims integriert, wie zum Beispiel bei »Ehrmann – Keiner macht mich mehr an.«, »o2 can do« und »Red Bull verleiht Flüüügel«. Daneben wird punktuell zumindest ein Bezug zur eigenen Branche hergestellt, wie z. B. bei »We create chemistry« (BASF), »Der IT-Zukunftspartner« (Bechtle) und »We are skin care« (Beiersdorf).

Grundsätzlich bieten sich für die Verwendung von Claims drei Möglichkeiten an: Marken können auf die Verwendung eines Claims verzichten oder sie können einen Claim zeitweise bzw. dauerhaft verwenden, wobei neben einer unveränderten Verwendung auch eine mehr oder weniger regelmäßige und umfangreiche Anpassung nicht ganz unüblich ist. Während Porsche beispielsweise noch nie einen Markenclaim besessen hat, nutzen die meisten Marken einen Markenclaim, wobei der Markenclaim heute vielfach nicht mehr als fester Bestandteil des Logos dargestellt wird, sondern separat plaziert und seltener verwendet wird. Vielfach kommt es auch vor, dass Marken nur zeitweise einen Markenclaim nutzen. Volkswagen z. B. hat von 2007 bis 2015 mit »Das Auto« geworben und verzichtet seitdem auf einen Markenclaim. Daneben gibt es vereinzelt Marken, die ihren Claim relativ regelmäßig anpassen, auch wenn sich die Kernbotschaft nicht oder nur unmerklich verändert. Auslöser hierfür ist meist eine neue Agentur, ein neuer Markenmanager oder ein neuer Unternehmensverantwortlicher. Beispiel hierfür ist die Mondelez-Marke Milka, die ihren Zartheits-Claim nach 40 Jahren »Die zarteste Versuchung, seit es Schokolade gibt« (1971-2011) in 11 Jahren bereits dreimal geändert hat, zuerst in »Trau dich, zart zu sein (2011-2016), dann in »Im Herzen zart« (2016-2021) und Anfang 2022 in »Weil Zartes besser schmeckt«. Ein inhaltlicher Mehrwert ist kaum erkennbar, dafür dürften die Erinnerungswerte heute deutlich geringer sein als bei Wettbewerber Ritter Sport, der seit 1970 unverändert mit »Quadratisch. Praktisch. Gut.« wirbt.

Daneben gibt es drei interessante Spezialfälle im Grenzbereich zwischen Name und Claim, die in den letzten Jahren vermehrt zu beobachten sind. Erstens werden heute punktuell Markennamen verwendet, die so lang sind wie üblicherweise Claims. Zweitens finden sich zahlreiche Markennamen, die aus einem Halbsatz abgeleitet sind und drittens können Markennamen, insbesondere wenn es sich um Akronyme handelt, durch Claims im Zeitverlauf neu interpretiert werden (▶ Dar. 27).

Auch wenn Markennamen im Claimformat nicht ideal für den Einkaufszettel oder die Websuche sind, so sind sie aufgrund ihrer besonderen Länge doch meist auffällig und vielfach auch durchaus merkfähig. Beispiele hierfür sind »E wie einfach« (E.ON), »Hands Off My Chocolate« und »Boxed Water Is Better«. Daneben gibt es eine ganze Reihe Markennamen, die aus einer Beschreibung, einem Claim oder einer Redewendung abgeleitet wurden, z. B. AWG für »alle werden glücklich«,

Dar. 27: Beispiele für die drei Namens-Claim-Grenzfälle

COS für »Collection of Style« und NUK für »natürlich und kiefergerecht«. Schließlich gibt es vereinzelt Markennamen, die durch einen Claim eine Neuinterpretation erfahren. So wurde aus der »Allgemeinen Elektricitäts-Gesellschaft«, kurz AEG, später »Aus Erfahrung gut«. Die »Deutschen Kreditbank« alias DKB wurde mit »Das kann Bank« neu interpretiert und »Lucky GoldStar«, heute LG, wurde mit »Life's Good« inhaltlich neu aufgeladen.

Insgesamt lassen sich sechs mögliche Zusammenhänge zwischen Name und Claim identifizieren, wobei der Name ohne Claim, der Name als Teil des Claims und die Konkretisierung des Namens durch den Claim zu den häufigsten Ausprägungen beim Zusammenspiel zwischen Name und Claim zählen. In Darstellung 28 sind die drei Standard- und die drei Spezialfälle anhand von Beispielen veranschaulicht.

Insgesamt zeigt sich, dass es vielfältige Möglichkeiten gibt, Markenname und Markenclaim miteinander zu verknüpfen oder gar zu verschmelzen mit dem klaren Ziel: Die Kunden dazu zu bringen, die Marke positiv zu erinnern und vielleicht sogar über die Marke zu denken: »Ich liebe es«.

3.5 Markenfarbe

Neben Namen, Logos und Claims zählen Farben, Formen und Schriften zu den zentralen Markenelementen. Farben und Formen verleihen dem Schriftbild des Markennamens, der Gestaltung des Logos und weiteren visuellen Elementen den gewünschten Ausdruck. Physiologisch betrachtet werden durch einen Betrachter zunächst Farben, dann Formen und zuletzt Texte wahrgenommen. Primär aus Farben und Formen bestehende Bilder werden nicht nur fast immer als Erstes fixiert, sondern auch deutlich länger und mit deutlich größerer Wahrscheinlichkeit betrachtet als geschriebene Texte.

Kombination	Beschreibung	Name ◄—— Beispiel ——► Claim	
Standard	Name ohne Claim	Porsche	
	Name als Teil des Claims	o2	o2 can do
	Name (Marke) wird durch Claim konkretisiert	Continental	The Future in Motion
Spezial	Name ist mit Claim identisch	E wie einfach	
	Name ist aus Claim oder Redewendung abgeleitet	BYD	Build Your Dreams
	Name durch Claim neu interpretiert	Lucky GoldStar LG	Life's Good

Dar. 28: Standard- und Spezialfälle von Namen und Claims mit Beispielen

Die Farbwahrnehmung durchläuft dabei drei Stufen der Bewusstseinswerdung. Auf Farbeindrücke folgen Empfindungen, die wiederum eine entsprechende Wirkung hervorrufen. So wird z. B. die Farbe Gelb häufig mit einem gellenden Dur-Ton assoziiert. Die Farbe wird als glatt und weich empfunden, mit Wärme in Verbindung gebracht und als leicht beurteilt (vgl. Küthe, Küthe 2002, S. 94 und S. 108). Neben den sinnesbezogenen Assoziationen lösen Farben auch allgemeine Assoziationen und Wirkungen aus (► Dar. 29).

Am stärksten aktivierend wirkt der Farbton Rot. Er wird kulturübergreifend mit Blut und damit mit Angst in Verbindung gebracht. Dies erklärt auch, warum die meisten Warnschilder rot sind. Die von einem Farbton ausgehende Aktivierung ist eng mit der Wärme des Farbtons verbunden. Während warme Farben wie Rot, Orange und Gelb stark aktivieren, haben kalte Farbtöne wie Violett, Blau und Grün nur wenig Aktivierungskraft.

Neben dem Farbton wirken vor allem die Farbsättigung (Intensität und Reinheit) und die Farbhelligkeit (Hell-Dunkel-Empfindung) auf die Markenwahrnehmung. Farben mit höherer Farbsättigung aktivieren stärker und gefallen meist besser. Gleiches gilt für hellere Farben. Die Farbhelligkeit ist häufig mit bestimmten Assoziationen verbunden. Dunkle Farben wirken eher mächtig und aktiv. Deshalb werden sie als stark, überlegen, lebhaft, hart und bewegt empfunden. Im Gegensatz dazu wirken helle Farben eher schwach und passiv. Sie werden eher als weich, zart und ruhig, aber auch als gemächlich und ergeben wahrgenommen (vgl. Kilian 2020c, S. 38).

Dar. 29: Assoziative und psychische Wirkungen von Farben (Quelle: In Anlehnung an Küthe, Küthe (2002), S. 24, 90, 99-102, 114, 123)

Farbe	Assoziationen	Wirkung
Blau	Stille, Harmonie; Raum, Ewigkeit; Himmel, Weite, Unendlichkeit; Sauberkeit	still, beruhigend, harmonisch, sicher; sehnsüchtig; sympathisch, freundlich, spontan; pflichtbewusst, konzentriert; rational denkend
Rot	Ich; Feuer, Blut; Liebe, Sexualität, Exotik, Fantasie; Lebensfreude, Lebensenergie, Tatendrang	dynamisch, aktiv, kraftvoll, herrlich; aggressiv, gefährlich; erregend, begehrend, herausfordernd; emotional fühlend
Grün	Jugend, Frühling, Natur; Hoffnung, Zuversicht; Ruhe, Entspannung; Toleranz; Sicherheit; Gesundheit	natürlich, angenehm, beruhigend; lebendig, lebensfroh, erfrischend; naturverbunden; friedlich, gelassen; sensitiv empfindend
Gelb	Fruchtbarkeit, Sommer, Segen, Überfluss; Gefahr, Bedrohung; Eifersucht, Neid, Geiz; Vorsicht	strahlend, fröhlich, sonnig, klar, frei; kommunikativ, verbindend, anregend, extrovertiert; intuitiv sinnlich
Braun	Gesundheit, Geborgenheit; Behäbigkeit, Faulheit; Unmäßigkeit; Spießigkeit, Biederkeit	warm, erdverbunden, behaglich; statisch, gemütlich, unerotisch; zurückgezogen, erschlafft
Weiss	Anfang, Unschuld, Reinheit, Frömmigkeit, Glaube, Ewigkeit, Wahrhaftigkeit, Genauigkeit	vollkommen, ideal; einfach, funktional; klinisch, sauber, steril; heiter; illusionär, geistig, realitätsfern
Grau	Nachdenklichkeit, Pünktlichkeit, Gefühllosigkeit, Gleichgültigkeit, Trübsal, Bescheidenheit	modern, schlicht; alt; unbeteiligt, indifferent, ausgleichend, neutralisierend, angepasst; abgeschirmt, heimlich, verborgen
Schwarz	Ernsthaftigkeit; Finsternis, Trauer, Tod, Ende, Leere; Egoismus, Schuld, Bedrängnis; Magie, Macht	erhaben, elegant; technisch, stark, mächtig; vergänglich, statisch, passiv; verschlossen, pessimistisch, zwanghaft, hoffnungslos

3.6 Markenform

Genauso wie Farben haben auch Formen eine ihnen innewohnende Wirkung, die unsere Wahrnehmung beeinflusst. Formen sind meist Teil des Logos und weiterer Gestaltungselemente, z. B. als Designelemente der Website oder als Aufzählungspunkte in Konzeptpapieren und Präsentationen. Sie sollten passend zum Markencharakter ausgewählt werden, um z. B. den »kantigen« oder »geschmeidigen« Charakter der Marke sichtbar zu machen. Ein Quadrat wirkt beispielsweise stabil und ausgeglichen, wohingegen ein hohes Rechteck instabil, unruhig aber aufstrebend und dynamisch wirkt (▸ Dar. 30).

Dar. 30: Grundformen und ihre Wirkungen (Quelle: In Anlehnung an Korthaus 2022, S. 136)

Form	Wirkung	Form	Wirkung
	stabil, ausgeglichen		stabil, aufstrebend, männlich, aktiv bis aggressiv
	sehr wackelig, aktiv, kulturell: Warnschild		instabil, wackelig, weiblich, kulturell: Gefahrenschild
	gemütlich, bequem, ruhig, Horizont		richtungsweisend
	instabil, unruhig, hoch, aufstrebend, dynamisch		ausgeglichen, klar, stabil, geschlossen, unendlich

Grundsätzlich können bei Formen fünf zentrale Elemente der »Formensprache« unterschieden werden:

- Dimension (Punkte, Linien, Flächen und Körper)
- Gestalterische Umsetzung
- Begrenzung (Kontur)
- Quantität (absolute bzw. relative Größe)
- Qualität (z. B. Anmutung)

Die Formqualität bezieht sich vor allem auf die durch den Konturverlauf eines Objekts hervorgerufene Anmutung. Spitzwinklige Formen (z. B. Dreiecke) wirken aktiv und mächtig sowie wandelbar, spannungsvoll und konstruktiv. Im Gegensatz dazu werden rechtwinklige Formen (etwa Quadrate oder Rechtecke) als mächtig und passiv empfunden – aber auch als männlich, hart, bestimmt und verstandesbetont. Demgegenüber wirken runde Formen (wie Kreise und Ovale) eher passiv und schwach und zugleich weiblich, weich, bewegt, unbestimmt und gefühlsbetont. Diese Wirkungen gilt es bei der Wahl der Formen von Anfang an mitzudenken.

3.7 Markenschrift

Die Auswahl einer passenden Schrift sollte ebenfalls nicht unterschätzt werden. Neben der formalen Darstellung von Buchstaben, Zahlen und Zeichen und den damit verbundenen Bedeutungen, verfügt eine Schrift durch ihr Schriftbild und damit durch ihre Gestalt immer auch über eine emotionale, psychologische Ebene. Während eine Finanzberatung ihre Seriosität durch ein klares, schnörkelloses Schriftbild transportieren kann, bietet es sich für ein Startup, das Ganzfruchtgetränke (Smoothies) verkaufen möchte an, durch eine geschwungene, ausgefallene Schrift in den Fokus der Zielgruppe rücken. In Abhängigkeit von der konkreten Ausgestaltung kann eine Schrift z. B. eher autoritär, ehrlich, kindlich oder freundlich wirken. Darstellung 31 veranschaulicht die im Folgenden beschriebenen Unterschiede:

- Autoritär: kantige Großbuchstaben in Fettschrift, die (bedrohlich) hoch sind
- Ehrlich: schlanke geradlinige Buchstaben mit weichen, einfachen Formen
- Freundlich: kursive Buchstaben mit abgerundeten Enden oder Serifen
- Kindlich: abgerundete Buchstaben mit Schnörkeln oder besonders »dick«

Dar. 31: Der visuelle »Tonfall« von Schriftbildern

Hieran anknüpfend sind in Darstellung 32 mit Chanel, Netflix und Oracle drei Marken wiedergegeben, die vom Schriftbild her als selbstbewusste Autoritäten auftreten. Daneben sind mit Disney, Hipp und KIKA drei kindlich anmutende Marken dargestellt. Die Zeitschriftenmarke Der Spiegel wiederum verdeutlicht beide Dimensionen. Das Zeitschriftenlogo verdeutlicht die mediale Autorität, die Der Spiegel ist bzw. sein möchte. Bei der Kinder- und Jugendausgabe Dein Spiegel, die 8- bis 14-jährige Leser ansprechen soll, werden verschiedenfarbigen Buchstaben in Pastelltönen verwendet, die die strenge Schrift brechen und kindgerecht ausgestalten.

Generell gilt, dass die Farbe den Effekt der (Schrift-)Form verstärken oder reduzieren kann. Bei einer Marke, die als Autorität in ihrem Fachgebiet wahrgenommen werden möchte, unterstreicht schwarze Schrift diese Wahrnehmung. Die rote Schrift bei Netflix und Oracle reduziert diesen Effekt etwas. In gleicher Weise

Dar. 32: Beispiele für Marken, die als Autoritäten gelten bzw. kindgerecht auftreten

führt bunte Schrift bei einer auf Kinder ausgerichteten Marke zu einer Verstärkung des kindlichen Effekts; eine einfarbige Schrift schwächt diesen Effekt eher ab. Neben der Passung zur Leistungskategorie sollte die Stimmigkeit mit den Sachargumenten im Text oder im Voice Over, aber auch mit der Positionierung und der Zielgruppe sichergestellt werden.

In Darstellung 33 sind ausgewählte Beispiele für die Verstärkung der gewünschten schriftbildlichen Wirkung durch eine dazu passende Farbe wiedergegeben. Die Bedeutung »autoritär« wird durch Schwarz oder Grau verstärkt, so etwa bei der BASF. Die Eigenschaft »freundlich« wird z. B. bei Yello Strom durch ein leuchtendes Gelb noch ansprechender. Bei der Allianz wirkt das »ehrlich« durch ein reines Blau überzeugender. Die kindliche Verspieltheit wiederum wirkt bei Google durch einen bunten Farbenmix lebendiger.

Dar. 33: Beispiele für die Kombination von Farbe und Schrift

Zu den drei zentralen Dimensionen von Schriften zählen Lesbarkeit und Gefallen sowie die mit der Schrift verbundenen Assoziationen. Letzteres wird auch als Atmosphärenwert bezeichnet. Die Lesbarkeit einer Schrift beschreibt den kognitiven Aufwand, der notwendig ist, um eine Schrift genau zu erfassen. Das Gefallen einer Schrift bringt zum Ausdruck, wie (un)angenehm das Lesen ist. Bei einer gleichmäßigen, vertrauten Schrift fällt das Gefallen meist höher aus. Die Atmosphäre einer Schrift erfasst, welche Assoziationen durch eine Schrift ausgelöst werden. Hierbei ist es wichtig, dass die Schrift zur jeweiligen Leistungskategorie passt; hierdurch wird eine positive Bewertung des Leistungsangebots gefördert. Bewerten lassen sich Schriften anhand der folgenden drei Kriterien (vgl. Gierl, Schweidler 2010, S. 6 ff. und S. 17):

- Valenz: angenehm vs. unangenehm, gut vs. schlecht, schön vs. hässlich
- Potenz: stark vs. schwach, hart vs. weich
- Aktivierung: dynamisch vs. ruhig, jung vs. alt, schnell vs. langsam

Die gewählte Schrift trägt maßgeblich dazu bei, dem Unternehmen und/oder seinen Produkten und Dienstleistungen einen besonderen Charakter zu verleihen. Eine zentrale Entscheidung ist die Wahl einer klaren Schrift ohne Serifen oder einer verspielten Schrift mit Serifen. Gemeint sind mit Serifen die Querstriche am Ende der Buchstaben. Darstellung 34 veranschaulicht den Unterschied.

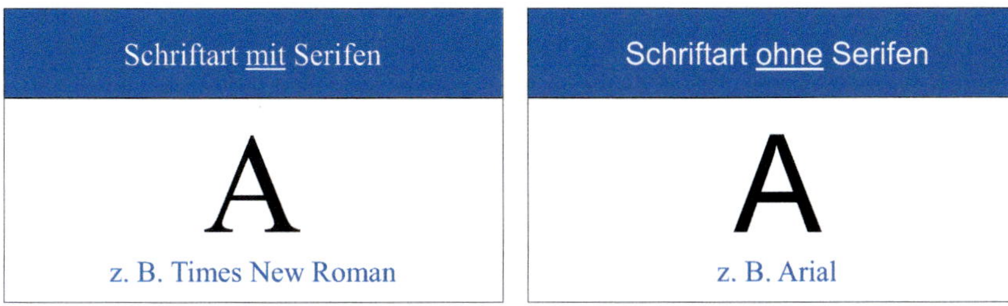

Dar. 34: Schriftarten mit bzw. ohne Serifen

Die bekannteste Serifenschrift ist die Schriftart Times New Roman. Die Schriftart Arial ist ihr populäres, serifenloses Gegenstück. Im Wesentlichen unterscheiden sich serifenhafte und serifenlose Schriften in ihrer Wirkung: Während Serifenschriftarten vor allem Autorität und Professionalität repräsentieren, besitzen serifenlose Schriften einen modernen, klaren Charakter. Die unterschiedlichen Erscheinungsformen einer Schriftart werden als Schriftschnitte oder Schriftstile bezeichnet, die sich durch Stärke, Laufweite und Lage der Schrift unterscheiden. Die Variationen werden unter einer Schriftfamilie zusammengefasst. Häufig finden Schriftfamilien Verwendung in Kombination mit Schlüsselbildern, z. B. in Printanzeigen und Onlinebannern.

3.8 Schüsselbild

Schlüsselbilder werden auch als Key Visuals bezeichnet. Sie prägen häufig den langfristigen Auftritt einer Marke. Vielfach nehmen Logos die Rolle von Schlüsselbildern ein. Die Grenze zwischen beiden Markenelementen ist – ähnlich wie bei Namen und Claims – fließend. Grundsätzlich lassen sich mit abstrahierten Bilderwelten (etwa Name und Logo), nutzenbezogenen Bilderwelten und erlebnisorientierten Bilderwelten drei Formen optischer Schlüsselmotive unterscheiden.

Eine abstrahierte Bilderwelt ergibt sich durch die kombinierte Verwendung eines Markennamens mit einem Bildlogo wie dem Michelin-Männchen. Bei der nutzenbezogenen Bilderwelt wird der mit der Marke verbundene Nutzen illustriert. Dies ist bei Meister Proper der Fall. Neben der Identifikationsfunktion dient dieser Ansatz der Vermittlung von Informationen durch ein angereichertes Markenbild. Exemplarisch für eine nutzenbezogene Bilderwelt ist die Tomate der Zahnbürstenmarke Dr. Best. Die Tomate visualisiert hier – wie bereits ausgeführt – das Nachgeben der Bürste bei zu hohem Druck. Dadurch wird die schonende Zahnreinigung durch die Bürste veranschaulicht. Eine bildliche Erlebniswelt schließlich liegt dem brennenden Jägermeister-Logo im Werbespot »wofür Freunde brennen« zugrunde. Dadurch wird nicht nur eine Identifikations- und Projektionsfläche geschaffen, sondern es werden auch starke Emotionen vermittelt, die idealerweise mit der Marke verbunden werden.

Einzelne Markenelemente finden in der Praxis so gut wie nie allein Verwendung, zumal sie fast immer nur ein bis zwei Sinne gleichzeitig ansprechen. Markenfarben lassen sich z. B. nur sehen, markentypische Materialien nur sehen und fühlen. In der Realität haben wir es deshalb fast immer mit Markensignalen zu tun, die zusammen üblicherweise zwei bis vier Sinne gleichzeitig adressieren.

4 Signale – Eindrücke und Erlebnisse an den Touchpoints optimieren

Markensignale sind identitätsbasiert kombinierte Markenelemente, z. B. eine Website oder ein Werbespot. Auf diese Weise können fast immer zwei, drei oder vier Sinne angesprochen werden, fallweise auch alle fünf. Insbesondere offline werden mehrere Markenelemente meist zu komplexen multisensualen Markensignalen kombiniert, z. B. wenn Kunden eine beduftete Broschüre auf hochwertigem Papier überreicht bekommen oder mittags in der Firmenkantine zum Arbeitsessen eingeladen werden. Ganz allgemein handelt es sich bei Markensignalen um die Signalhaftigkeit mehrerer Markenelemente, die miteinander kombiniert werden, um die Markenbotschaft zu vermitteln. Die vier zentralen Markensignale sind Produkte, Umfelder, Medien und Personen. Darstellung 35 verdeutlicht den Zusammenhang zwischen Markenelementen und Markensignalen.

Das Produkt oder die Leistung selbst stellt häufig das zentrale Markensignal dar. Es trägt üblicherweise den Namen und/oder das Logo. Auch ist es meist von charakteristischen Farben und Formen geprägt – und vereint damit mehrere Markenelemente in sich. Bei Dienstleistungen übernimmt diese Aufgabe das Umfeld, während es bei Produkten meist nur eine ergänzende Rolle einnimmt.

Bei Umfeldern tragen die Raumfarben, Logos an der Wand, eine spezielle Beduftung, die verwendeten Materialien, die präsentierten Produkte, die Musik, die Beleuchtung, die Raumtemperatur, die markenkonform gekleideten Mitarbeiter und ihre Wortwahl zur Markeninszenierung bei. Gemeinsam prägen sie die Kundenerlebnisse an den Berührungspunkten (Touchpoints) mit der Marke entlang der

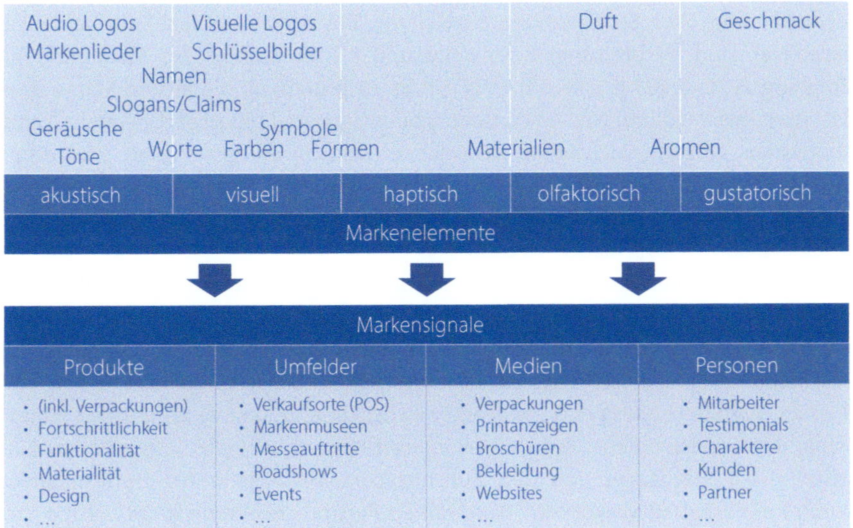

Dar. 35: Zusammenhang zwischen Markenelementen und Markensignalen

Customer Journey. Stationäre Geschäfte als Umfelder ermöglichen es Marken, vier bis fünf Sinne der Kunden gleichzeitig anzusprechen. Online sind es demgegenüber meist nur ein bis zwei Sinneskanäle. So werden in den sozialen Medien 80 % bis 90 % der Videos ohne Ton betrachtet. Deshalb ist die Einblendung eines Untertitels und damit der gesprochenen Worte in Schriftform essenziell, auch wenn dies dadurch sinnlich eher schwach wirkt.

Bei Medien gilt grundsätzlich, dass jeder Medienkanal (z. B. TV, Radio oder online) seine eigenen, besonderen Charakteristika hat, die Einfluss auf den vermittelten Inhalt nehmen (vgl. McLuhan 1964). Ein Werbespot im meist beiläufig konsumierten Medium Radio beispielsweise verwendet für die Vermittlung der werblichen Botschaft nur Geräusche, Musik und das gesprochene Wort. Demgegenüber sind es im Fernsehen, dem wir etwas mehr, aber immer häufiger nicht mehr die volle Aufmerksamkeit widmen, neben dem Ton auch Bewegtbilder. Das Beispiel Fernsehen zeigt zugleich, dass sich die Mediennutzung im Zeitverlauf verändern kann. Während wir früher wie gebannt eine Fernsehserie betrachtet haben, nutzen wir heutzutage beim linearen Fernsehen und nichtlinearen Streaming vielfach nebenbei das Smartphone, das zum Second Screen geworden ist – und unsere Aufmerksamkeit für das »Hauptprogramm« schmälert. Auch das mediale Markensignal Werbevideo, z. B. auf YouTube, stellt eine Kombination mehrerer Markenelemente dar, konkret Name, Logo, Farbe, Schlüsselbild, Schrifttyp, Schlüsselbegriff, Markenstory und Produktdarstellung (vgl. Kilian, Kreutzer 2022, S. 104).

Im Zuge dessen gilt es das im Rahmen der Markenbudgetierung festgelegte Budget auf die verschiedenen Medienkategorien, innerhalb einzelner Kommunikationsmedien und in zeitlicher Hinsicht zu verteilen. Dieser Vorgang wird meist als

Mediaplanung oder Streuplanung bezeichnet. Die drei zentralen Entscheidungsparameter sind Verbreitung, Reichweite und Kostenstruktur des Mediums (vgl. Homburg 2020, S. 847 ff.). Gleichzeitig gilt es zu prüfen, ob die eigene Marke über das jeweilige Medium wie gewünscht präsentiert und inszeniert werden kann. Mindestens genauso wichtig ist, in welchem Umfang die gewünschte Zielgruppe über das Medium überhaupt absolut und relativ erreicht werden kann. In zeitlicher Hinsicht schließlich kann zwischen pointiertem, permanentem und pulsierendem Medieneinsatz unterschieden werden.

Zu den personenbezogenen Markensignalen schließlich zählen vor allem die eigenen Vertriebs- und Servicemitarbeiter, aber auch alle übrigen Mitarbeiter des Unternehmens. Entscheidend hierfür ist vor allem das Verhalten des Gründers, des Geschäftsführers und der Markenverantwortlichen. Sie nehmen maßgeblich Einfluss auf die interne und externe Markenwahrnehmung und damit auf den Markterfolg des Unternehmens. Auf Pressekonferenzen und bei vielen öffentlichen Auftritten wird die Marke von den Führungspersönlichkeiten des Unternehmens durch ihr Verhalten verkörpert. Dazu zählen Persönlichkeiten wie Claus Hipp und Wolfgang Grupp (Trigema) genauso wie die nicht unumstrittenen Ausnahmeerscheinungen Jeff Bezos, Richard Branson und Elon Musk. Darüber hinaus prägen sie maßgeblich das Verhalten ihrer Mitarbeiter an den verschiedenen Touchpoints, insbesondere in den Bereichen Vertrieb und Service. Deshalb empfiehlt es sich, den Mitarbeitern die eigene Marke immer wieder klar und verständlich zu vermitteln, da sie das Markenimage maßgeblich mitprägen. Ergänzend zu den Mitarbeitern erfolgt dies fallweise über eigene Werbefiguren und Charaktere, die mit virtuellen Influencern zudem ein neues Format gefunden haben.

5 Taxierung – den Markenerfolg zur weiteren Optimierung messen

Die durch Markensignale erzielten Effekte gilt es regelmäßig zu taxieren. Mit dem Begriff »Taxierung« wird hier die Ermittlung der Wirkung einer Marke verstanden. Ziel der Taxierung kann zum einen die qualitative Beurteilung und Bewertung der Markenstärke (Brand Strength) aus Kundensicht sein. Zum anderen gehört zur Taxierung auch die Quantifizierung der Markenstärke in Form eines monetären Markenwerts (Brand Equity) aus Unternehmenssicht.

Die Anlässe für eine Markentaxierung können sowohl regelmäßig als auch fallweise auftreten. Daneben kann zwischen internen und externen Anlässen unterschieden werden. Zu den internen, vermarktungsorientierten Anlässen zählen die Festlegung von Marketingbudgets, die Messung des Marketing- und Markenerfolgs und die Stärkung der eigenen Verhandlungsposition gegenüber Marktpartnern. Zu den externen, rechnungslegungsorientierten Anlässen zählen Möglichkeiten der Bilanzierung (z. B. erworbener Markenrechte), eine Bewertung bei Unternehmensfusionen und -übernahmen, der Kauf oder der Verkauf von Markenrechten, die Lizenzierung und Franchising sowie die Bemessung eines möglichen Schadenersatzes beim Missbrauch von Markenrechten im Rahmen von Markenpiraterie. Darstellung 36 gibt die wichtigsten Anlässe für eine Markentaxierung wieder.

Ausrichtung (Zweck) / **Häufigkeit**	fallweise	regelmäßig
extern (Rechnungslegung)	• Kauf oder Verkauf von Unternehmen/Marken • Bemessung eines Schadenersatzes • Kreditsicherung • Pfändung oder Verwertung	• Bilanzierung erworbener Marken

intern (Markenmanagement/Marketing)	• Markenwachstum durch
	  • Internationalisierung
	  • Dehnung
	  • Ergänzung
	  • Aktualisierung
	  • Straffung
		• Markenmanagement
		• Motivation und Entlohnung von Mitarbeitern
		• Verteilung von Marken- und Marketingbudgets
		• Marketingmix-Ausgestaltung

Dar. 36: Anlässe für die Markentaxierung

Von zentraler Bedeutung bei der Evaluation und Bestimmung der Wertigkeit bzw. des Werts von Marken sind u. a. die Wirkungsgrößen Markenbekanntheit und Markenimage. Sie zählen zu den verhaltenswissenschaftlichen Ansatzpunkten zur Bestimmung der psychologischen Markenstärke. Neben Bekanntheit und Image gehören hierzu auch das Markenvertrauen und die Markenbindung der Kunden, ein mögliches Preispremium und damit die Akzeptanz eines Mehrpreises gegenüber Wettbewerbsleistungen aufgrund individueller Präferenzen der Kunden, die subjektiv wahrgenommene Produktqualität, die daraus resultierende Qualitätsbewertung und die Einzigartigkeit (Uniqueness) der Marke.

Neben der verhaltenswissenschaftlichen Ermittlung der Markenstärke wird vielfach auf finanzwirtschaftliche Daten zur Ermittlung des monetären Markenwerts zurückgegriffen. Dazu zählen insbesondere

- der markenrelevante Umsatz,
- das markenspezifische Preis-Mengen-Premium,
- spezifische Investitionen zur Erhaltung der Marke und
- der markenspezifische Risikozinssatz zur Diskontierung der Marken-Cashflows.

Im Rahmen einer einstufigen monetären Bewertung wird der Markenwert quantifiziert, indem primär auf Betriebsdaten zurückgegriffen wird. Hierzu zählen insbesondere historische bzw. Wiederbeschaffungskosten, Lizenzpreisanalogien, z. B. Lizenzersparnisse, am Markt realisierbare Preisaufschläge, zu erwartende Reinerlöse sowie die Börsenkurs- bzw. Aktienpreisentwicklung am Kapitalmarkt. Auch indikatororientierte, hybride Ansätze finden häufig Anwendung. Sie ermitteln den Markenwert anhand von Indikatoren in einem zweistufigen Verfahren und ermöglichen damit die Kombination quantitativer und qualitativer Inputgrößen monetärer bzw. verhaltensorientierter Ansätze.

In der Praxis finden über 100 verschiedene Verfahren zur Positionierung, Steuerung und Bewertung von Marken Verwendung. Nicht nur beim Vorgehen, sondern auch bei den Ergebnissen existieren dabei deutliche Unterschiede zwischen den einzelnen Verfahren. Wenngleich alle bisher genutzten Ansätze über gewisse Schwächen verfügen, so haben die zuvor diskutierten Anlässe der Markenevaluation doch deutlich gemacht, dass es viele sinnvolle Gründe (und teilweise Zwänge) zur Messung der Markenstärke bzw. des Markenwertes gibt. Drei Schlüsselfragen sind dabei zu beantworten, damit der situationsabhängig optimale Ansatz ausgewählt werden kann:

- **Welchem Zweck dient die Bewertung?**
  Im Hinblick auf den Zweck der Bewertung kann zwischen einer Unternehmens- bzw. Markenbewertung (z. B. im Rahmen einer Übernahme oder Bilanzierung) und einer Markenevaluation zur Unterstützung von Marken-, Marketing- und Managemententscheidungen unterschieden werden.
- **Wer sind die Zielgruppen?**
  Die jeweils relevanten Zielgruppen (Analystinnen, Aktionäre, Managerinnen, Kunden, Handelspartner) können ebenfalls Anhaltspunkte für die Auswahl eines geeigneten Verfahrens liefern.
- **Was wird bewertet?**
  Auch der Bewertungsgegenstand kann den Ausschlag für die Anwendung des ein oder anderen Verfahrens geben. Das Spektrum reicht hier von der Unternehmensmarke über ein Markenportfolio bis hin zu einer einzelnen Produktmarke.

Bei der nach außen gerichteten, finanzwirtschaftlichen Bewertung von Marken bietet es sich an, spezialisierte Beratungsunternehmen zu beauftragen, da ansonsten kaum die notwendige Glaubwürdigkeit gegenüber Dritten erreicht werden kann. Zudem sind die methodischen Anforderungen sehr hoch. Zu den führenden Anbietern für die monetäre Markenbewertung zählen die BAV Group, Biesalski & Company, Brand Finance, Interbrand und Kantar.

Für die nach innen gerichtete, einstellungs- und verhaltensbezogene Evaluation von Marken bieten sich demgegenüber zahlreiche Ansätze an, die vom Markenmanagement selbst oder mit teilweiser externer Unterstützung durch ein Marktforschungsinstitut realisiert werden können. Zu den bekanntesten Ansatzpunkten zur Erfassung der psychologischen Markenstärke zählen der Markenkauftrichter, die Erfassung der Markenwahrnehmung und die regelmäßige Ermittlung der Wertschätzung gegenüber der Marke. Hierzu gehören z. B. Weiterempfehlungen sowie die Bereitschaft, für eine Marke einen höheren Preis und damit Preis-Premium zu bezahlen. Weitere wichtige Maßgrößen der Markenstärke sind die Bekanntheit und das Image der Marke in der relevanten Zielgruppe. Bei der Bekanntheit kann allgemein zwischen Recall (Erinnerung) und Recognition (Wiedererkennung) unterschieden werden. Konkret kann erstens die ungestützte Bekanntheit ermittelt werden, wobei zwischen Erstnennung (Top-of-Mind) und Folgenennungen unterschieden wird. Der abgefragte Bereich kann dabei sehr breit oder sehr eng gefasst werden, wie das folgende Beispiel zeigt: Bitte nennen Sie mir alle ...

- Konsumgütermarken
- Lebensmittelmarken
- Süßwarenmarken
- schokoladenhaltigen Süßwarenmarken

... die Ihnen bekannt sind, zumindest dem Namen nach.

Grundsätzlich gilt: Je allgemeiner der beschriebene Kontext, in dem eine Marke von einem Befragten bei der Ermittlung der ungestützte Bekanntheit genannt wird, umso stärker ist die Marke bei diesem präsent.

Im Anschluss an die ungestützte Bekanntheit kann die gestützte Bekanntheit ermittelt werden. Hierbei werden meist Hinweise (Cues) gegeben, oft ohne den Markennamen selbst zu nennen. So kann eine bestimmte Situation (wie ein gemütlicher Fernsehabend mit Freunden) angeführt oder das Logo bzw. eine aktuelle Werbekampagne (Werbespot oder Webbanner) beschrieben werden. Es besteht aber auch die Möglichkeit, Listen mit echten und echt klingenden Markennamen vorzulegen. Dann werden die Befragten gebeten, die ihnen bekannten Namen zu nennen. Hier lautet die Frage: »Welche der folgenden Marken kennen Sie, zumindest dem Namen nach?«

Die schwächste Form der gestützten Bekanntheit ist die Wiedererkennung. Die dazugehörige Frage lautet: »Kennen Sie die Marke ...?« Es kann auch gefragt werden, ob der Befragte die Marke in letzter Zeit on- und/oder offline gesehen hat. Die gestützte Bekanntheit stellt meist die erste erfasste Stufe des Markenkauftrichters (Brand Funnel) dar, der in Darstellung 37 wiedergegeben ist.

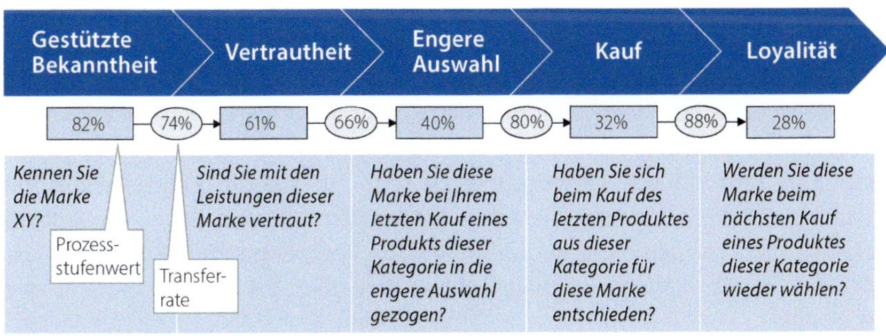

Dar. 37: Der Markenkauftrichter (Quelle: Vgl. Perrey et al. 2011, S. 117 ff.)

Für die zweite Stufe wird nach der Vertrautheit mit der Marke gefragt. In der dritten Stufe wird erfasst, ob die Marke in die engere Wahl gezogen wurde. Hier wird auch vom Relevant Set gesprochen. Anschließend wird ermittelt, ob die Marke bereits einmal tatsächlich gekauft wurde. Bei schnelldrehenden Konsumgütern (Fast Moving Consumer Goods, kurz FMCG) kann die Kaufstufe weiter differenziert werden. Es kann z. B. ermittelt werden, ob eine Marke erst einmal oder schon häufiger gekauft wurde (z. B. bei Lebensmitteln und Getränken). Es kann auch gefragt werden, ob eine Marke nur gelegentlich oder regelmäßig gekauft wird. In der letzten Stufe wird ermittelt, ob der Kunde die Marke erneut wählen würde. Hierdurch wird die Loyalität zu einer Marke erfasst.

Pro Stufe wird der Prozessstufenwert ermittelt. Der Wert gibt an, welcher prozentuale Anteil der Zielgruppe auf einer Stufe im Kaufprozess erreicht wurde. Beim Beispiel in Darstellung 37 liegt die gestützte Markenbekanntheit bei 82 %. Die Vertrautheit mit der Marke liegt dagegen nur bei 61 %. Neben der Erfassung der Prozessstufenwerte wird ergänzend die prozentuale Veränderung zwischen zwei benachbarten Prozessstufenwerten ermittelt, was als Transferrate bezeichnet wird. Sie macht deutlich, welcher Anteil der Zielgruppe die nächste Prozessstufe erreicht. Durch die Transferrate wird zugleich ermittelt, wie viele Personen von einer Stufe zur nächsten »verlorengehen«. Wie sich beim dargestellten Beispiel zeigt, haben nur 66 % der mit der Marke vertrauten Befragten angegeben, dass sie die Marke in die engere Wahl ziehen. Der im Vergleich zu den übrigen drei Transferraten deutlich niedrigere Wert macht deutlich, dass ein Drittel der Personen der befragten Zielgruppe die ihnen vertraute Marke nicht in die engere Wahl zieht. Für Markenmanager ist nun zu ermitteln, warum ein so großer Teil der Kunden an dieser Stelle abspringt. Die Motive hierfür können z. B. durch Einzelinterviews mit Befragten, die zwischen diesen beiden Prozessstufen ausgestiegen sind, herausgearbeitet werden.

Eine große Herausforderung bei Befragungen dieser Art ist es, sozial erwünschte Antworten zu neutralisieren. Zwischen Aussage und Verhalten liegt oft eine große Diskrepanz vor, die dem eigenen Selbstverständnis (zumindest nach außen hin) entspricht. Deshalb wird hier auch vom Phänomen der sozialen Erwünschtheit gesprochen. Zur Vermeidung dieses Phänomens empfiehlt es sich, auch die abgeleitete Bedeutung bestimmter Markenattribute sowie tieferliegende Kundenbedürfnisse zu erfassen. Hierzu lässt man den Käufer einer Marke die gewählte Marke im Vergleich zu Marken bewerten, die der Proband nicht gekauft hat. Die so ermittelten Unterschiede verweisen meist sehr gut auf die wahre (abgeleitete) Bedeutung. Konkret bedeutet dies, dass Markenattribute, bei denen die gekaufte Marke deutlich vor den nicht gekauften Marken liegt, den Kunden wichtiger sind, auch wenn sie es explizit eventuell nicht so artikuliert haben (vgl. Freundt et al. 2021, S. 96).

Ergänzend zur Analyse des Markenkauftrichters kann eine Imageanalyse wichtige zusätzliche Erkenntnisse liefern. Dadurch wird es möglich, das Image (Fremdbild) der Marke in der relevanten Zielgruppe zu ermitteln und mit der Identität (Selbstbild) der Marke zu vergleichen. Das angestrebte Image der Marke kann auch als Wunschbild bezeichnet werden. Das Selbstbild der Marke ist üblicherweise im Markenbooklet (Brand Manual) fundiert beschrieben. Um das Fremdbild der Marke zu ermitteln, sind die bei der Definition der Marke zugrunde gelegten Werte durch Kundenbefragungen zu erheben. Vor allem gilt es zu ermitteln, ob die Markenwerte von den Befragten tatsächlich mit der eigenen Marke assoziiert werden oder eher mit relevanten Wettbewerbsmarken. Es sollten deshalb immer die (vermuteten) Markenwerte von Wettbewerbern und branchenspezifisch relevante Imageattribute mit herangezogen werden. Hierdurch können Polaritäten-Profile in Form von Image-Differenzialen ermittelt werden. Liegen für die analysierten Markenmerkmale Informationen über den jeweiligen Branchendurchschnitt vor, können Stärken-Schwächen-Profile erstellt werden. Hierzu müssen die Befragten nicht nur zur eigenen Marke, sondern auch zu den Marken relevanter Wettbewerber befragt werden. Der Mittelwert pro Merkmal über alle Marken hinweg stellt dann jeweils den Nullpunkt dar (▶ Dar. 38).

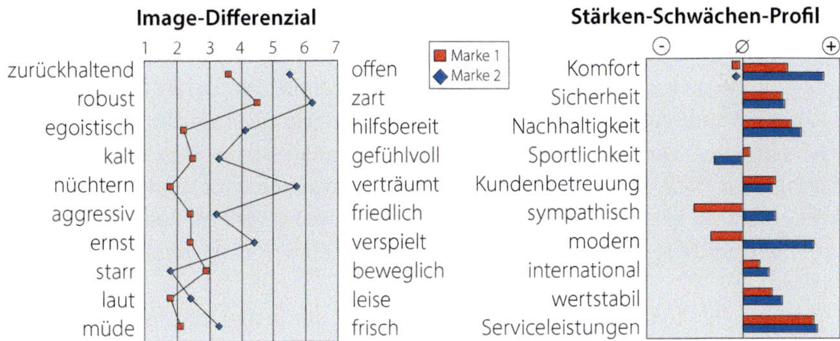

Dar. 38: Image-Differenzial und Stärken-Schwächen-Profil

Daneben erscheint es sinnvoll, eng mit dem Markenerfolg zusammenhängende Erfolgsparameter zu erfassen. Dazu zählen etwa die Kundenzufriedenheit und das Weiterempfehlungsverhalten. Das Weiterempfehlungsverhalten kann über umfangreiche Befragungen oder über eine einzige Schlüsselfrage erfasst werden. Die zentrale Frage zur Erfassung der Weiterempfehlungsbereitschaft lautet:

> Wie wahrscheinlich ist es, dass Sie [Marke XYZ] einem Freund oder einer Freundin bzw. einem Kollegen oder einer Kollegin weiterempfehlen würden?

Die Weiterempfehlungsbereitschaft dient als Schlüsselindikator für die Loyalität der Kunden und für zukünftiges Umsatzpotenzial. Zur Erfassung der Antworten wird üblicherweise die in Darstellung 39 wiedergegebene elfstufige Likert-Skala verwendet (vgl. Reichheld 2003, S. 50 ff.).

Mit Hilfe der Skala wird der Net Promoter Score (NPS) als Differenz des Anteils der Promotoren und Kritiker berechnet. Hierbei ist zu beachten, dass die beiden berücksichtigten Antwortbereiche nicht gleich groß sind und der Anteil der Unentschlossenen keine direkte Berücksichtigung findet. Er fließt nur indirekt mit ein,

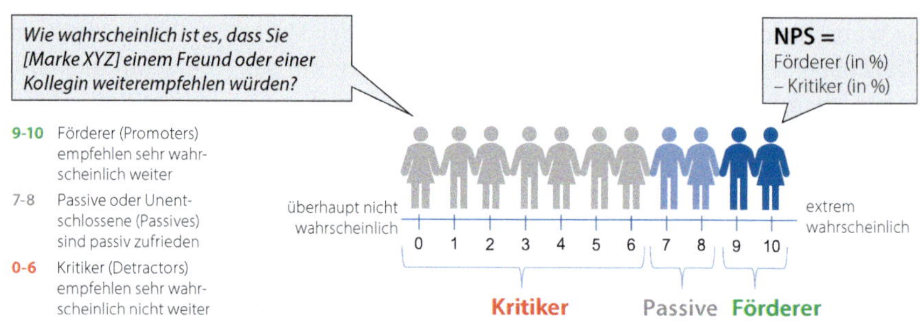

Dar. 39: Ermittlung des Net Promoter Scores

da er den Anteil der Kritiker bzw. Promotoren mehr oder weniger stark reduziert bzw. vergrößert.

Der NPS wird heute von vielen Unternehmen eingesetzt, wobei er häufig in die laufenden Prozesse der Kundenbetreuung eingebunden wird. Da meist nur eine einzige Frage gestellt wird, fällt die Antwortwahrscheinlichkeit häufig viel höher aus als bei umfangreicheren Befragungen. Außerdem ist die Auswertung sehr einfach und das Ergebnis liegt sofort vor. Unternehmen variieren allerdings vielfach die Formulierungen der Frage, die Skalendarstellungen und/oder die Skalenbeschriftungen, wie zwei Dutzend vom Autor analysierter Praxisbeispiele von Amazon und BMW, über Lufthansa und Metro bis Vodafone und Zoom gezeigt haben. Dadurch können sich die erzielten Ergebnisse verändern. Zudem lassen sich dann die ermittelten Werte verschiedener Unternehmen nicht ohne weiteres vergleichen.

Unabhängig davon, ob der Markenkauftrichter, ein Image-Differenzial, ein Stärken-Schwächen-Profil und/oder der Net Promoter Score eingesetzt werden: Entscheidend ist es, aus den gewonnenen Ergebnissen die richtigen Schlussfolgerungen zu ziehen und die eigene Markt- und Markenpräsenz durch konsequentes Handeln Schritt für Schritt weiter zu optimieren.

Mit dem beschriebenen BEST-Ansatz lässt sich eine Marke aufbauen und im Zeitverlauf managen. Vielfach wird der Markenaufbau mehrfach durchlaufen, weil aufgrund von Wachstumsstrategien weitere eigene Marken dazukommen, so dasss mehr oder weniger komplexe Markenportfolios entstehen, die von Zeit zu Zeit weiterentwickelt und angepasst werden müssen, weil sich neue Wachstumschancen ergeben.

Teil 3: Wachstumsorientierter Ausbau von Marken mit IDEAS

Neben einem BEST-möglichen Aufbau und Management von Marken gilt es passende Wachstumsoptionen für Marken zu erschließen. Hierfür braucht es stimmige IDEAS. Konkret gilt es, Möglichkeiten und Grenzen der Internationalisierung zu ermitteln, Ansatzpunkte für die Dehnung einer Marke zu prüfen, mögliche Ergänzungen in Erwägung zu ziehen, in adäquaten Zeitabständen eine Auffrischung einzelner Marken zu initiieren und immer wieder das aktuelle Markenportfolio zu prüfen und ggf. eine Straffung herbeizuführen. In Darstellung 40 sind die fünf Optionen für das Markenmanagement, insbesondere für qualitatives Markenwachstum – Internationalisierung, Dehnung, Ergänzung, Auffrischung und Straffung – sowie ihre zentralen Bestandteile kompakt wiedergegeben. Im Folgenden werden sie detailliert dargelegt.

Dar. 40: IDEAS für qualitatives Markenwachstum

In Anlehnung an die Produkt-Markt-Matrix von Ansoff (1965, S. 99) lassen sich die fünf Wachstumsstrategien anhand der Dimensionen Länder, Leistungen und Anwendungsbereiche bzw. Zielgruppen weiter systematisieren. Damit ergibt sich ein Länder-Leistungs-Zielgruppen-Kubus, mit acht möglichen Ausprägungsformen und fünf idealtypischen, qualitativen Wachstumspfaden (▶ Dar. 41).

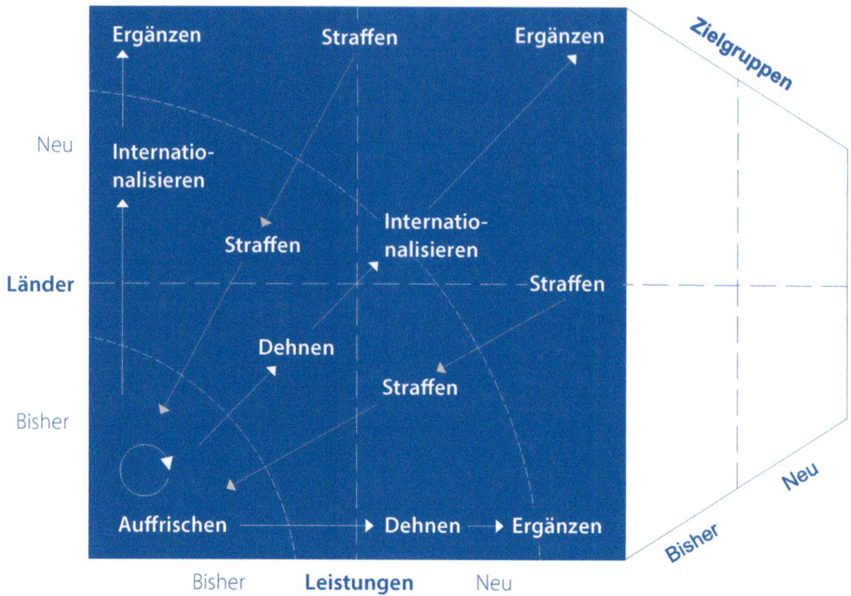

Dar. 41: Länder-Leistungs-Zielgruppen-Kubus mit IDEAS

Es handelt sich dabei um vier expansive Strategien und eine kontraktive Strategie. Gemeinsam ist allen fünf Strategien, dass sie – geschickt umgesetzt – zu qualitativem Markenwachstum beitragen – und damit in den meisten Fällen zu mehr Gewinn. Ausgehend von den aktuellen Leistungen, Ländern und Zielgruppen können über Dehnungen, insbesondere über Internationalisierungen, sowie über Ergänzungen sowie Auffrischungen, quantitative und qualitative Wachstumsimpulse realisiert werden. In qualitativer Hinsicht gelingt dies auch bei einer Straffung – durch eine stärkere Fokussierung (vgl. Kilian 2022b, S. 43). In Darstellung 42 ist die Bedeutung der fünf Wachstumsstrategien in Abhängigkeit von der Art und dem Ausmaß der Neuheit bzw. Veränderung dargestellt.

Bei geringen Veränderungen und damit beim Wachstum innerhalb bestehender Länder, Leistungen und Zielgruppen beispielsweise bieten sich Dehnungen (in Form von Linienerweiterungen), Ergänzungen, Auffrischungen und Straffungen an. Die beiden erstgenannten Ansatzpunkte sind meist mit der Erschließung neuer Länder, Leistungen und/oder Zielgruppen verbunden. Werden alle drei Dimensionen erweitert, bieten sich die Handlungsfelder Internationalisierung und Ergänzung an, fallweise auch Dehnungen und/oder Aktualisierungen. Die IDEA-Strategien können dazu führen, dass einzelne Marken bzw. das Markenportfolio insgesamt unüber-

Dar. 42: Neuheitsgrade und IDEAS-Handlungsfelder

Neuheitsgrad	Länder		Leistungen		Zielgruppen		I	D	E	A	S
	Bisher	Neu	Bisher	Neu	Bisher	Neu					
gering	✓		✓		✓			(✓)	✓	✓	✓
mittel		✓	✓		✓		✓	✓	✓	(✓)	
	✓			✓	✓			✓	✓	(✓)	
	✓		✓			✓		✓	✓	(✓)	
hoch		✓		✓	✓		✓	(✓)	✓	(✓)	
		✓	✓			✓	✓	✓	✓	(✓)	
	✓			✓		✓		(✓)	✓	(✓)	
sehr hoch		✓		✓		✓	✓	(✓)	✓	(✓)	

sichtlicher und unstimmiger werden. Deshalb ist es fallweise ratsam, im Anschluss eine Straffung des Markenportfolios durchzuführen. Im Ergebnis wechseln sich Phasen der strategischen Veränderung von Marken und Phasen der stringenten Fortführung etablierter Marken ab.

6 Internationalisierung – Marken kulturübergreifend einsetzen

Als erste Wachstumsoption bietet sich die Internationalisierung von Marken an. Damit verbunden sind meist mehr oder weniger starke Anpassungen der Marke, weil bei der Entwicklung der meisten Marken ursprünglich nicht an internationale Märkte gedacht wurde, was häufig umfangreichere Anpassungen erforderlich macht. Alternativ bietet es sich an, eine im Zielmarkt bereits etablierte Marke zu kaufen, mit einer lokalen Marke zu kooperieren oder den Zielmarkt selbst mit einer mit BEST neu entwickelten Marke zu erschließen. Zentrale Entscheidungskriterien hierbei sind die gewünschte Schnelligkeit, das Ausmaß der Kontrolle und die Höhe der notwendigen Investitionen.

Auslöser für die Internationalisierung von Marken sind meist globale Marktsegmente aus Kundensicht, inländische Wettbewerber, die ausländische Märkte bearbeiten, ausländische Wettbewerber, die in den angestammten Heimatmarkt der Marke eintreten oder das eigene Erkennen von Wachstumschancen in Auslandsmärkten. Typische strategische Optionen bei der Internationalisierung von Marken sind die Standardisierung oder Differenzierung der Botschaft und/oder Elemente der Marke. Dadurch ergeben sich globale und multinationale Strategien sowie zwei gemischt global-multinationale Ansätze (▶ Dar. 43).

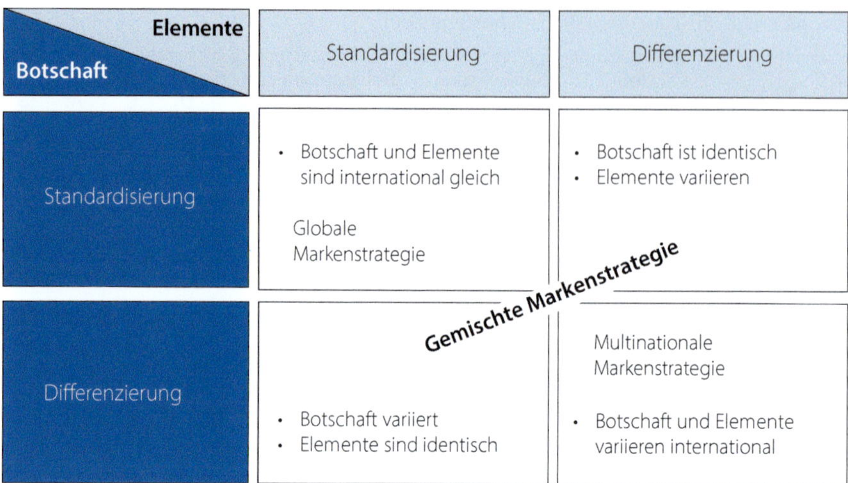

Dar. 43: Strategische Optionen des internationalen Markenmanagements

Globale Marken agieren in allen Märkten nahezu identisch. Die Botschaft und die Elemente bleiben weitestgehend gleich. Meist werden die Markenwerte unverändert vermittelt. Auch das Logo sowie die Farben und Formen bleiben gleich. Der Claim wiederum wird maximal in die Landessprache übersetzt. Dadurch sind häufig umfassende Kostenvorteile möglich. Das trifft insbesondere auf die Bereiche Marketing und Kommunikation sowie auf die Herstellung der optisch meist unveränderten Produkte zu. Dafür kann kaum auf nationale Gegebenheiten eingegangen werden und es besteht die Gefahr, dass profiliertere nationale Marken bei den Kunden besser ankommen. Für eine globale Markenstrategie eignen sich vor allem kulturfreie Branchen und Bereiche wie Lifestyle-Produkte (z. B. Jeans) sowie technologisch geprägte Produkte (z. B. Smartphones und Laptops). Diese Produktkategorien sind nur wenig mit einem bestimmen Land oder einer Region verbunden. Daher sind sie optimal dafür geeignet, global einheitlich vermarktet zu werden.

Bei einer multinationalen Markenstrategie werden demgegenüber sowohl die Botschaft als auch die Elemente weitestgehend den Gegebenheiten des jeweiligen Marktes angepasst. Dadurch ist es möglich, die Bedürfnisse der Kunden vor Ort umfassend zu adressieren und die an die Produkte gestellten Anforderungen exakt zu erfüllen. Dies ist besonders hilfreich, wenn zwischen dem Heimatmarkt und dem anvisierten Markt große Einkommensunterschiede herrschen. Mit einer multinationalen Markenstrategie kann eine Marke dennoch im Markt Fuß fassen, ohne eine Schädigung der eigenen Reputation als »Billigprodukt« fürchten zu müssen, da klar erkennbare Anpassungen vorgenommen werden können. Gleichzeitig können die Markenverantwortlichen vor Ort besser und schneller auf lokale Trends und rechtliche Vorgaben eingehen. Damit ist jedoch eine höhere Komplexität verbunden, die zu einem größeren Steuerungsaufwand führt. Nachteilig an einer multinationalen Markenstrategie ist zudem, dass Synergieeffekte im Marketing und in der Kommunikation nur sehr begrenzt genutzt werden können. Auch kann die im Heimatmarkt etablierte Marke kaum Goodwill-Effekte auf die national adaptierten Marken transferieren.

Wie bereits deutlich gemacht wurde, lassen sich die Idealstrategien global einheitlich und umfassend lokal angepasst in der Unternehmenspraxis nur selten konsequent umsetzen. Vielmehr kommen häufig Mischstrategien zum Einsatz, bei denen ausgewählte Teilaspekte der Marke global standardisiert und andere landesbezogen angepasst werden (vgl. Kilian 2023, S. 379 ff.).

Anschaulich verdeutlichen lässt sich die gemischte Markenstrategie am Beispiel der Standardisierung bzw. Differenzierung zentraler Markenelemente. Es besteht die Möglichkeit, den Namen, das Logo, den Claim und weitere Markenelemente einheitlich einzusetzen oder unterschiedlich auszugestalten. McDonald's beispielsweise nutzt in Deutschland den Claim »Ich liebe es«, in den USA die englische Variante »I‹m lovin‹ it« und in Brasilien die portugiesische Variante »amo muito tudo isso«. In Darstellung 44 sind Beispiele für die Standardisierung bzw. Differenzierung von Name und/oder Logo wiedergegeben.

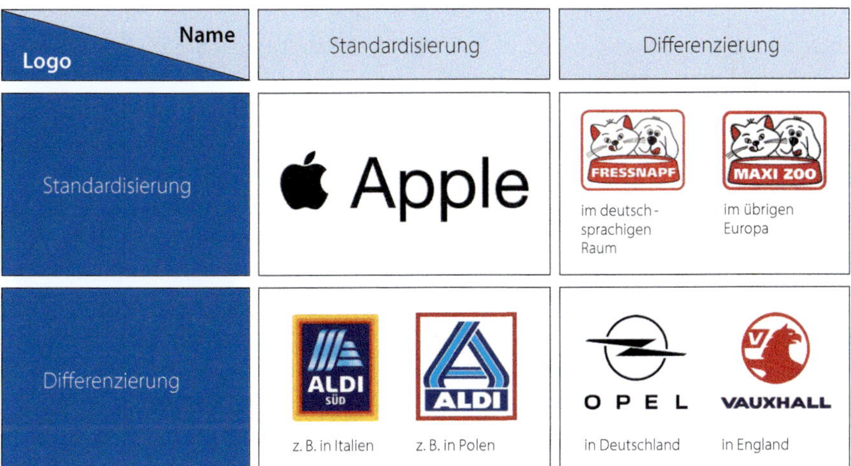

Dar. 44: Strategische Optionen der internationalen Anpassung von Markenelementen

Die Unilever-Eismarke Langnese beispielsweise verwendet weltweit das gleiche Logo eines geschwungenen Herzens, wohingegen länderabhängig 26 verschiedene Namen Verwendung finden von Algida über Holanda bis Wall's. Beim führenden Heimtierbedarf-Fachhändler sind es demgegenüber nur zwei Namen: Fressnapf und Maxi Zoo. Dafür wurde der deutsche Claim »Was Tiere lieben« in die jeweiligen Landessprachen übersetzt und dabei minimal verändert. In Irland z. B. heißt es »Makes pets happy«, wohingegen der Claim in Frankreich »Pour le bonheur des animaux« (Für das Glück der Tiere) lautet.

Bei einer stärkeren geographischen Begrenzung bietet sich alternativ ein stammlandorientierter Ansatz an. Im Zuge dessen werden die eigenen Aktivitäten auf Ländermärkte bzw. Kulturkreise begrenzt, die dem Heimatland in vielerlei Hinsicht ähnlich sind. Dieser Ansatz kann erweitert werden durch regionale Ansätze. Für sie ist kennzeichnend, dass relativ homogene Ländercluster weitgehend standardisiert bearbeitet werden und zwischen Länderclustern deutliche Unterschiede im Markenmanagement und Leistungsangebot erkennbar sind (vgl. Kilian 2021, S. 84).

7 Dehnung – Markenerweiterungen planen und durchführen

Als zweiter Ansatzpunkt bietet sich die auch als Transfer oder Erweiterung bezeichnete Dehnung einer Marke an. Die erste Möglichkeit, die geographische Dehnung, wurde bereits als eigenständige Handlungsoption diskutiert. Sie überlappt sich an vielen Stellen mit der Dehnung an sich, wird jedoch aufgrund der besonderen Bedeutung der internationalen Markenführung als eigenständige Handlungsoption betrachtet, zumal oft über eine reine Dehnung hinausgehende Entscheidungen notwendig sind, z. B. der Kauf, die Migration oder die Eliminierung von Marken im internationalen Kontext.

Daneben bietet sich die horizontale bzw. vertikale Dehnung an. Bei der vertikalen Dehnung wird eine Leistung innerhalb der Kategorie qualitativ und/oder preislich höher oder tiefer positioniert. Bei einer horizontalen Dehnung bleiben demgegenüber das Preis- und Qualitätsniveau weitestgehend unverändert. Ein typisches Beispiel für eine horizontale Dehnung ist McCafé von McDonald's. Eine horizontale (und im Prinzip auch die vertikale) Dehnung kann innerhalb der aktuellen Kategorie erfolgen oder es wird in eine neue Leistungskategorie innerhalb der eigenen Branche bzw. in eine neue Branche gedehnt. Grundsätzlich kann, je nach »Entfernung« der neuen Leistung von der ursprünglichen Leistung, zwischen folgenden zwei Optionen der Dehnung unterschieden werden:

- Linienerweiterung (Line Extension)
- Markenerweiterung (Brand Extension)

Die Linienerweiterung, spezifischer als Produktlinienerweiterung oder Dienstleistungslinienerweiterung bezeichnet, kann auch als »kleine« Markendehnung interpretiert werden. Sie beschreibt die Erweiterung einer Produkt- oder Dienstleistungslinie unter der gleichen Marke innerhalb der bestehenden Leistungskategorie. Dadurch entsteht ein vielfältigeres Leistungsangebot, das weiterhin eng mit dem ursprünglichen Leistungsangebot verbunden ist. Es überrascht deshalb nicht, dass Linienerweiterungen die mit Abstand beliebteste Form der Markendehnung sind. 80 bis 90 % aller neuen Produkte im Konsumgüterbereich werden auf diese Weise in den Markt eingeführt. Im Dienstleistungsbereich verfolgen die Anbieter sogar fast ausschließlich diese Strategie. Mit Linienerweiterungen können spezifische Kundenwünsche passgenauer erfüllt werden, indem Varianten bestehender Leistungen entwickelt werden, die den individuellen Bedürfnissen der Kunden entsprechen. So lässt sich der Markt besser abdecken und die eigene Position gegenüber dem Wettbewerb festigen oder weiter ausbauen. Für Linienerweiterungen bieten sich folgende vier Optionen an, die in Darstellung 45 anhand von Beispielen verdeutlicht sind:

- Auffüllen der Linie
- Ausweiten der Linie horizontal
- Integrieren der Linie vertikal
- Zeitlich und/oder mengenmäßig limitierte Editionen

Dar. 45: Vier Arten von Linienerweiterungen

Beim Auffüllen der Linie (Filling-out) werden neue Produkte oder Dienstleistungen in das Leistungsportfolio aufgenommen, die den Ursprungsmarkt »ausfüllen«. Auf diese Weise werden interne Lücken geschlossen und Kundenbedürfnisse befriedigt, die bisher noch nicht abgedeckt wurden. Typische Ergänzungen von Produktlinien sind Nutzungsvarianten (z. B. Nivea Protect & Care After Shave Fluid), Geschmacksvarianten (z. B. Haribo Grünis) oder Größen- und Mengenvarianten (z. B. Beck's Perfectdraft-Fass). Im Dienstleistungsbereich kann beispielsweise die »Produktlinie« für das Schreiben von Blogs durch das Anbieten von direkten Veröffentlichungsdiensten über WordPress ergänzt werden.

Beim horizontalen Ausweiten des eigenen Leistungsangebot auf der gleichen Wertschöpfungsstufe bietet es sich an, das neue Angebot in einem höheren (Trading-up) oder niedrigeren (Trading-down) Qualitäts- und Preissegment zu platzieren. Bei Hugo Boss beispielsweise wurde das Label HUGO als preisaggressive Marke und damit als Trading-down-Produkt im Vergleich zum Label BOSS eingeführt.

Wenn eine vertikale Erweiterung des Markenangebots in vor- und/oder nachgelagerte Wertschöpfungsstufen geplant ist, wird üblicherweise von Vorwärts- bzw. Rückwärtsintegration gesprochen. Ein Beispiel für eine Vorwärtsintegration ist der Reiseveranstalter TUI, der sich schon vor längerer Zeit mit Hilfe der Reisebürokette TUI ReiseCenter näher in Richtung Endverbraucher bewegt hat. Die Übernahme des Zulieferers ZKW durch das Elektronikunternehmen LG Electronics wiederum stellt eine Rückwärtsintegration dar.

Als weitere Möglichkeiten bieten sich zeitlich und/oder mengenmäßig begrenzte Erweiterungen des eigenen Leistungsangebots an, meist in Form von Limited Editions. Das begrenzt erhältliche Angebot befindet sich fast immer in der gleichen Leistungskategorie, wird aber mit möglichst neuen, außergewöhnlichen Eigenschaften versehen, z. B. im Hinblick auf Farbe, Form, Sorte oder Menge. Gerade im Konsumgüterbereich finden sich viele Limited Editions – ob bei Söhnlein Brillant (»Sag's mit Söhnlein« Sektflaschen mit der Aufschrift »Danke« für kleine Gesten), Omega (James Bond Edition) oder Sony (Playstation 4 Batman Arkham Knight). Sie alle erhalten eine Sonderstellung innerhalb der Produktlinie und werden meist durch Hinweise wie »Nur für kurze Zeit« oder »Limitierte Auflage« von den Kunden verstärkt wahrgenommen. Der bestehenden Zielgruppe kann damit Abwechslung geboten werden. Gleichzeitig bieten Limited Editions die Möglichkeit, neue Kunden zu erreichen und mit der Marke vertraut zu machen, z. B. Fans der Filmreihe »Batman«. Auch im B2B-Bereich sind Limited Editions fallweise möglich. Beispiele hierfür sind Jubiläumseditionen von Transportern oder die Sonderedition einer Maschine zum Firmenjubiläum. Grundsätzlich sind mit Linienerweiterungen sieben Chancen und fünf Risiken verbunden (▶ Dar. 46).

Dar. 46: Chancen und Risiken von Linienerweiterungen

Chancen	Risiken
Wachstums- und Gewinnpotenziale	Kannibalisierungseffekte
Leichtere Einführung neuer Leistungen	Verwirrung der Kunden
Veränderung der Markenwahrnehmung	Verwässerung des Markenbildes
Geringere Marketingkosten	Steigende Produktions- und Lagerkosten
Erhöhung der Aktualität der Marke	Negative Rückwirkungseffekte auf die Marke
Schnellere Marktdurchdringung	
Aufbau von Markteintrittsbarrieren	

Im Gegensatz zur Linienerweiterung handelt es sich bei einer Markenerweiterung um eine »große« Markendehnung. Sie beschreibt die Übertragung einer Marke auf eine neue Produkt- oder Dienstleistungskategorie. Die neue Leistung kann dabei selbst erstellt bzw. bereitgestellt werden oder über eine Markenlizenzierung (Franchise Extension) realisiert werden. Das Beispiel Ferrero in Darstellung 47 veranschaulicht den Unterschied zwischen einer Linien- und einer Markenerweiterung.

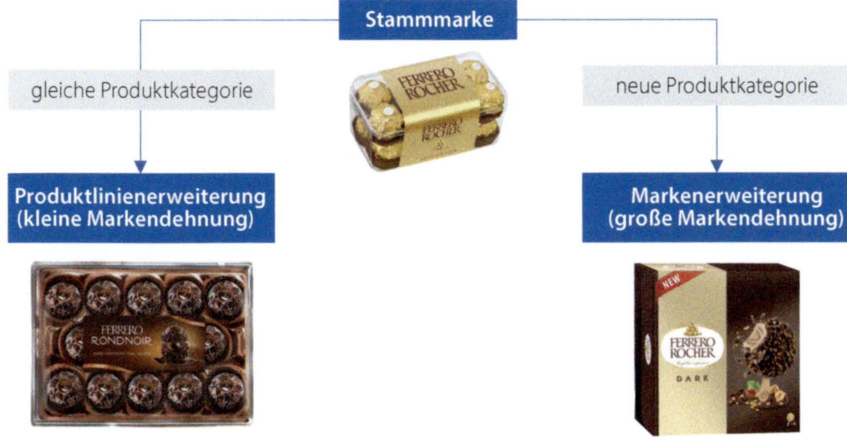

Dar. 47: Linien- und Markenerweiterung am Beispiel Ferrero Rocher

Markenerweiterungen bieten sechs Chancen, sind aber auch mit vier Risiken verbunden (▶ Dar. 48).

Dar. 48: Chancen und Risiken von Markenerweiterungen

Chancen	Risiken
Wissenstransfer bei den Kunden	Mangelnder Leistungsfit
Wachstumschancen	Keine Hebelwirkung durch die Marke
Kosteneinsparungen durch Synergien	Ausbleibende Synergien
Stärkung der Widerstandsfähigkeit	Verwässerung der Markenwahrnehmung
Ansatzpunkte für eine Umpositionierung	
Verbesserte Vermarktungsmöglichkeiten	

Hilfreich ist es in diesem Zusammenhang, die vier Markendehnungszonen innerer Kern, äußerer Kern, Dehnungszone und verbotene Zone zu kennen (▶ Dar. 49).

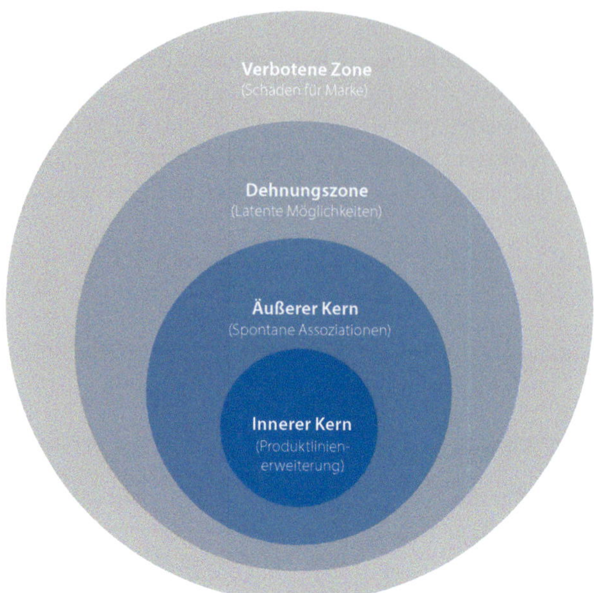

Dar. 49: Markendehnungszonen (Quelle: Vgl. Kapferer 2012, S. 274)

Für die vier Markendehnungszonen gilt: Je »näher« das Erweiterungsangebot im Hinblick auf Markenbotschaft und Markenelemente am bisherigen Leistungsangebot ist, desto weiter im Inneren des Modells befindet es sich. Im Gegensatz dazu sind Erweiterungsangebote, die in der Dehnungszone oder gar im verbotenen Bereich liegen, weit von der Marke entfernt. Gerade erweiterte Leistungen im Bereich der verbotenen Zone sollten vermieden werden, da sie die Marke fast immer überdehnen und damit zu einer Verwässerung der Markenwahrnehmung führen. Zudem kann es passieren, dass die Kunden die Verbindung zwischen der Erweiterungsleistung und der etablierten Marke erst gar nicht verstehen.

Im Bereich des inneren Kerns befinden sich die bereits erläuterten Linienerweiterungen. Sie sind für eine konsistente Markenwahrnehmung fast immer unproblematisch. Der Bereich des äußeren Kerns wird auch als Bereich der spontanen Assoziation bezeichnet. Darunter fallen alle Markenerweiterungen, die Kunden spontan mit der Marke assoziieren. Eine Markendehnung im äußeren Kern stellt somit fast immer eine sichere Form der Erweiterung dar. Zudem ergeben sich dadurch für die Marke und das erweiterte Leistungsangebot viele Vorteile. Ein Schaden durch diese zurückhaltende Form der Erweiterung entsteht nur selten.

Die Dehnungszone beinhaltet dagegen Möglichkeiten, die nicht unmittelbar erkennbar sind. Die meisten bestehenden Kunden würden nicht selbst auf diese Verbindung kommen, können sie sich aber nach einer Vorstellung des angedachten Leistungsangebots durchaus vorstellen. Es liegt somit für die Kunden im Bereich des Möglichen, ist aber nicht naheliegend. Markenerweiterungen im Bereich der verbotenen Zone sollten unter allen Umständen vermieden werden. Den

Kunden ist es meist nicht mehr möglich, die vertraute Marke und die angedachte Erweiterungsleistung gedanklich in Verbindung zu bringen. Die Erweiterungsleistung ist in der Kundenvorstellung so weit von der bisherigen Marke entfernt, dass die Verbindung die Kunden sehr wahrscheinlich verwirren würde.

Während sich bei einer nicht vorhandenen gedanklichen Verbindung vor allem die positiven Effekte der Markenerweiterung nicht einstellen, führt eine Verwirrung bei den Kunden mit großer Wahrscheinlichkeit zu einem unstimmigen Markenbild. Dadurch können sowohl die Marke als auch die Erweiterungsleistung Schaden nehmen. Nicht immer ist es leicht zu sagen, wann ein Produkt oder eine Dienstleistung die verbotene Zone erreicht, da die Wahrnehmung der Marke und des Leistungsangebots immer von den subjektiven Erfahrungen und Vorstellungen der Kunden abhängt. Daher sollte immer genau analysiert und gründlich abgewogen werden, welche Dehnung sinnvoll erscheint und welche nicht.

Im Rahmen der im Folgenden näher betrachteten Erweiterung bietet sich u. a. die Etablierung einer neuen Marke als Alternative an. Beide Ansätze lassen sich zum einen dahingehend unterscheiden, ob die Struktur zu einer Integration über Leistungs- und Ländergrenzen hinweg führt oder ob ein isoliertes Vorgehen durch Schaffung einer neuen Marke favorisiert wird. Zum anderen kann die Anzahl beteiligter Marken von einem oder mehreren Unternehmen betrachtet werden (▶ Dar. 50).

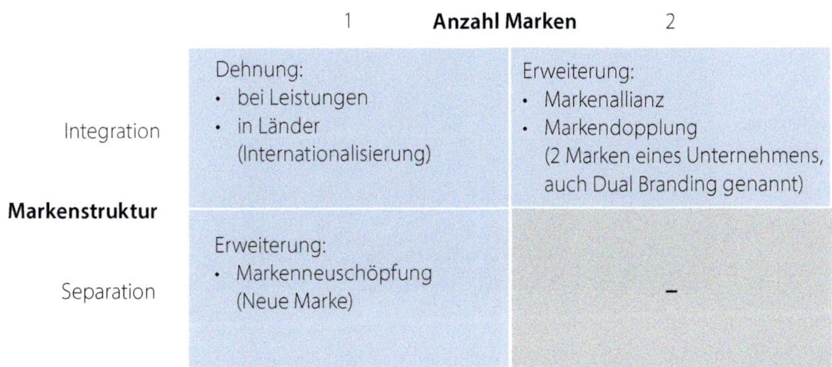

Dar. 50: Dehnungs-Erweiterungs-Matrix

Vergleicht man exemplarisch die Dehnung einer Marke mit der Erweiterung in Form einer neuen Marke, so ergeben sich Unterschiede im Hinblick auf den Zeit- und Investitionsbedarf, die Ausformulierung der Markenbotschaft, die Ausgestaltung der Markenelemente, den Grad der Gestaltungsfreiheit, mögliche Wechselwirkungen und die Eignung für entfernte Leistungen (▶ Dar. 51).

Insgesamt ergeben sich im Rahmen von Dehnungen und Erweiterungen von Marken sechs Möglichkeiten, die im Hinblick auf die Art der Vertrautheit mit der Leistungskategorie und die Notwendigkeit für die Integration einer externen oder die Etablierung einer eigenen Marke unterschieden werden können. Darstellung 52 stellt die sechs Möglichkeiten dar.

Dar. 51: Markendehnung und neue Marke im Vergleich (Quelle: Ähnlich bereits Sattler 2005, S. 373)

Kriterium	Markendehnung	Neue Marke
Zeitbedarf	gering	hoch
Investitionsbedarf	mittel	hoch
Markenbotschaft	vorhanden	neu zu entwickeln
Markenelemente	überwiegend vorhanden	neu zu entwickeln
Gestaltungsfreiheit	gering	hoch
Wechselwirkung	zu beachten	zunächst nicht relevant
Eignung für entfernte Leistungen	eingeschränkt (Fit?)	ja

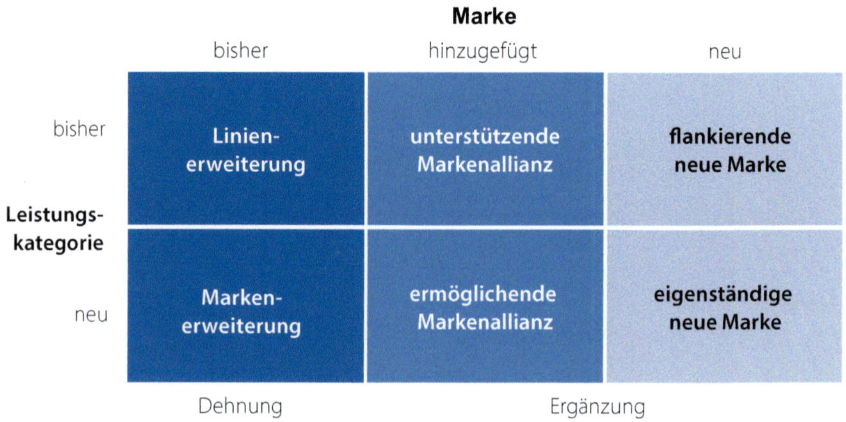

Leistungskategorie / Marke	bisher	hinzugefügt	neu
bisher	Linienerweiterung	unterstützende Markenallianz	flankierende neue Marke
neu	Markenerweiterung	ermöglichende Markenallianz	eigenständige neue Marke
	Dehnung	Ergänzung	

Dar. 52: Möglichkeiten zur Dehnung und Ergänzung von Marken

8 Ergänzung – neue Marken erschaffen oder kooperieren

Bei der Ergänzung als Alternative zur Dehnung von Marken lassen sich grundsätzlich folgende zwei Optionen unterscheiden:

- Neue Marke bzw. neuer Markenname
- Markenallianz mit einer anderen Marke

Bei der Etablierung von neuen Marken kann zwischen flankierenden und eigenständigen Marken unterschieden werden. Während flankierende Marken meist zur Sicherstellung und Verteidigung von Umsatzpotenzialen innerhalb einer Leistungskategorie eingeführt werden, dienen eigenständige neue Marken fast immer zur Erschließung neuer Leistungskategorien. Beispiele für flankierende Marken sind z. B. die Luxusmarke Rolls-Royce sowie die Lifestyle-Marke MINI bei BMW. Bei Henkel wiederum dient die Preiseinstiegsmarke Spee zur Absicherung des unteren Preissegments für die Premium-Waschmittelmarke Persil, während im Haarpflegebereich die auf junge Zielgruppen ausgerichteten Trendmarken Syoss und got2b die Premiummarke Schwarzkopf flankieren. Mit »BlondMe« gibt es zudem eine Nischenmarke, die ganz auf das Blondieren der Haare fokussiert ist. Das Vorgehen zur Entwicklung einer neuen Marke wurde bereits in Teil 2 ausführlich erläutert. Anlässe für zusätzliche Marken und damit die Entstehung eines Markenportfolios gibt es viele. Zu den fünf wichtigsten Zielen einer durchdachten Mehrmarkenstrategie zählen (vgl. Kilian 2023, S. 391 ff.):

- Abgrenzung von relevanten Wettbewerbern
- Ansprache unterschiedlicher Kundenbedürfnisse
- Abschöpfung abweichender Zahlungsbereitschaften
- Ausgestaltung unterschiedlicher Vertriebskanäle
- Adressieren landestypischer Unterschiede

Bereits mit der Etablierung einer zweiten Marke wechselt ein Unternehmen somit automatisch von der Einmarkenstrategie zur Mehrmarkenstrategie.

8.1 Mehrmarkensysteme als Ergebnis

Mit jeder weiteren Marke, egal ob selbst entwickelt oder gekauft, entsteht ein immer umfassenderes Markenportfolio, das zu managen ist. Hierfür bietet sich eine dreistufige Herangehensweise an (▶ Dar. 53).

Zunächst gilt es, das aktuelle und geplante Markenportfolio zu analysieren. Hierzu gilt es alle aktuellen und angedachten Marken zu identifizieren und zu klassifizieren, wobei sechs strategische Rollen unterschieden werden können. Daneben empfiehlt sich eine Zuordnung der Marken zu relevanten Marktsegmenten. Im zweiten Schritt wird die Markenhierarchie herausgearbeitet, wobei mit Unternehmensmarke, Dachmarke, Familienmarke und Produkt- bzw. Dienstleistungsmarke vier Ebenen der Über- und Unterordnung unterschieden werden können. Schließlich gilt es im dritten Schritt, die Markenarchitektur auszugestalten. Hierzu zählt einerseits die Zuordnung der einzelnen hierarchischen Beziehungsprinzipien, andererseits die visuelle Darstellung aller Beziehungen (vgl. Kilian, Brummer 2024). Insgesamt lassen sich vier hierarchische Beziehungsebenen unterscheiden, die auch als Markenarchitektur-Prinzipien bezeichnet werden können:

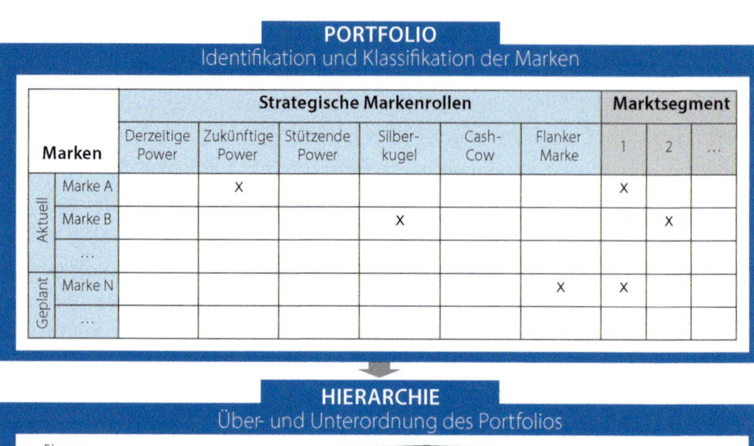

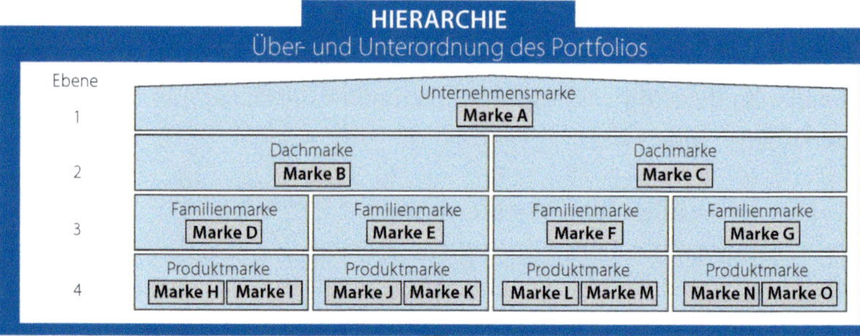

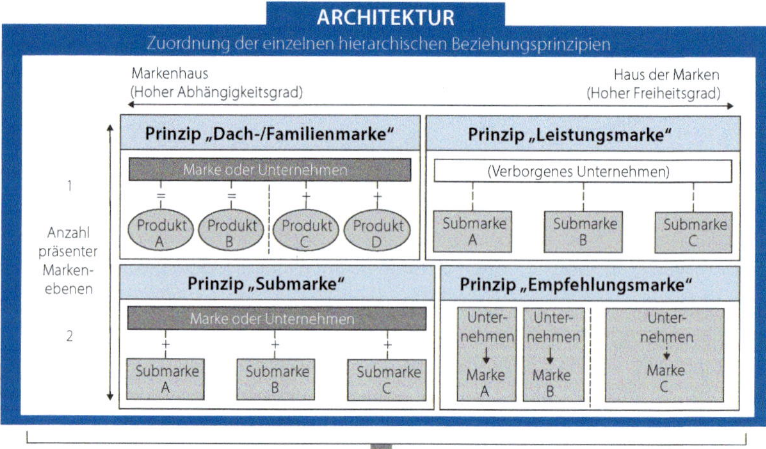

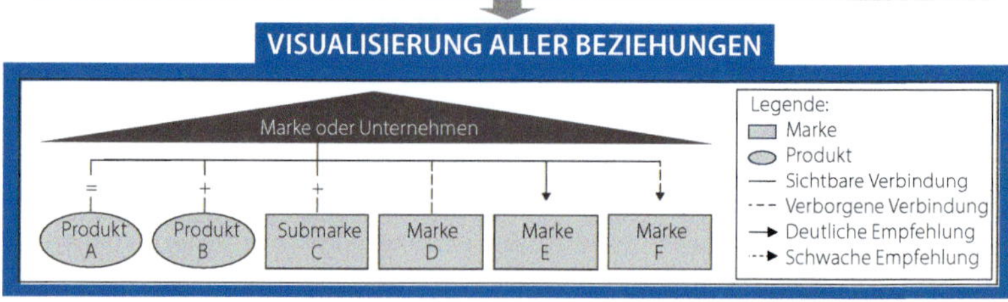

Dar. 53: Mehrmarken-Managementsystem (Quelle: Vgl. Kilian, Brummer 2024)

- Dach-/Familienmarke
- Leistungsmarke
- Submarke
- Empfehlungsmarke

Das Prinzip »Dach-/Familienmarke« beschreibt ein Markenhaus (Branded House). Idealtypisch sind alle Produkte und Dienstleistungen der Dachmarke untergeordnet. Entweder tragen alle Produkte und Dienstleistungen den Namen der Dachmarke oder sie erhalten beschreibende Namen, was zu einer Kombination aus dem Namen der Dachmarke und dem beschreibenden Namen führt. Bekannte Markenhaus-Beispiele sind Allianz, Bosch, FedEx, Samsung, Sparkasse und Trumpf.

Auch das Prinzip »Submarke« (Subbrand) steht dem Markenhaus konzeptionell nah. Allerdings sind hier zwei Markenebenen gleichberechtigt prägend. Die Dachmarke ist übergeordnet und richtungsweisend. Ergänzend werden Submarken genutzt, um den Marken in gewissem Umfang eine eigene Identität zu verleihen. Die Submarken können sich im Hinblick auf ihre Werte relativ frei entfalten, solange sie in das Gesamtkonzept der Dachmarke passen.

Beim Prinzip »Empfehlungsmarke« (Endorsed Brand) steht demgegenüber die untergeordnete Marke im Vordergrund. Auch hier sind zwei Markenebenen präsent, wobei die einzelnen Marken einen hohen Freiheitsgrad besitzen. Die Verbindung zur Dachmarke wird nur dezent kommuniziert. Die Dachmarke kann entweder Qualität und Sicherheit garantieren oder lediglich die Herkunft der Marke verdeutlichen.

Das Prinzip »Leistungsmarke« schließlich entspricht einem Haus der Marken (House of Brands). Es gibt nur eine präsente Markenebene. Jede Produkt- oder Dienstleistungslinie wird eigenständig unter einem Markennamen geführt. Die einzelnen Marken haben ihre eigene Identität, das Unternehmen bleibt im Hintergrund verborgen. Die Verbindung zwischen den einzelnen Marken wird nicht kommuniziert. Paradebeispiel für ein Haus der Marken ist Procter & Gamble mit Marken wie Ariel, Always, Braun, Fairy, Gillette, Meister Proper, Oral-B, Pampers, Pantene Pro-V, Swiffer und Wick.

Die beiden Prinzipien »Haus der Marken« und »Markenhaus« markieren dabei die Endpunkte eines Kontinuums mit den beiden Zwischenstufen und Mischformen Submarke und Leistungsmarke. In Darstellung 54 sind die Vorteile der beiden »reinen« Prinzipien einander gegenübergestellt.

In der Realität finden sich dagegen oft historisch gewachsene Markenportfolios, die meist nicht exakt einer der beiden »reinen« Markenportfolio-Prinzipien entsprechen. Hinzu kommen die beiden Mischformen Empfehlungsmarke und Submarke, die Merkmale des Markenhauses und des Hauses der Marken miteinander kombinieren. Beide Mischformen sind geprägt von unterschiedlichen und verschieden starken Beziehungen zwischen den einzelnen über- oder untergeordneten bzw. gleichgestellten Marken. Während Submarken dem Markenhaus näherstehen, sind Empfehlungsmarken eng mit dem Haus der Marken verbunden.

Dar. 54: Vorteile der beiden »reinen« Markenarchitektur-Prinzipien

Haus der Marken (viele Einzel-/Familienmarken)	**Markenhaus** (eine Dach-/Unternehmensmarke)
• Vermeiden von Badwill-Effekten bei Misserfolg • Klare Zielgruppenfokussierung • Spitze Positionierung • Leichte Anpassungsmöglichkeiten der Positionierung • Gute Darstellbarkeit von Innovationen	• Goodwill-Effekte für neue Leistungen • Geringer Aufwand bei der Einführung neuer Leistungen • Geringer Marketing-/Markenaufwand • Gute Bearbeitung kleiner Teilmärkte • Geeignet bei hoher Marktdynamik

Bei der Empfehlungsmarkenstrategie dominieren die einzelnen Produkt- oder Dienstleistungsmarken. Sie werden zusätzlich von der Dachmarke – meist dezent – unterstützt. Der Einsatz von Empfehlungsmarken zeigt sich unter anderem in der Hotellerie. Marken wie DoubleTree oder Canopy werden mit dem Namenszusatz »by Hilton« ergänzt und auf diese Weise von der Unternehmens- und Dachmarke unterstützt.

Dagegen werden Submarken der Dachmarke untergeordnet und bieten daher weniger Freiraum als Empfehlungsmarken. Submarken sind sinnvoll, wenn bestehende Assoziationen zur Dachmarke verändert oder gänzlich neue geschaffen werden sollen. Auch können Submarken den Zugang zu neuen Kundensegmenten ermöglichen. Dazu lassen sich vor allem in der Automobilindustrie zahlreiche Beispiele finden. So ergibt sich unter der Dachmarke VW ein ganzes Spektrum an Modellen (VW up!, VW Golf, VW Tiguan, VW ID.3 etc.), die das Markenversprechen der Dachmarke unterstreichen und/oder zusätzliche Aspekte einbringen.

Stellt man die vier Ausprägungen einander gegenüber, so zeigen sich die konkurrierenden Ziele, die es abzuwägen gilt. Sind die Marken individuell ausgerichtet und werden sie differenziert geführt, dann wird die Eigenständigkeit am besten als Haus der Marken gewahrt. Gibt es demgegenüber starke Verknüpfungen zwischen den einzelnen Marken und sind die Marken ähnlich ausgerichtet, dann verlieren die Marken zwar an Eigenständigkeit, ermöglichen aber zugleich Synergien (▸ Dar. 55).

Grundsätzlich ergibt sich die Anzahl benötigter Marken aus dem gewünschten Positionierungsansatz, der spitz bis breit sein kann, wobei die beiden Ansätze Empfehlungs- und Submarken im Folgenden als Haus-Mix zusammengefasst werden. Eng mit dem Positionierungsansatz und der Anzahl Marken verbunden sind die sieben Kriterien Autonomie des Markenprofils, Aufwand für das Markenmanagement, Ansprache der Zielgruppe, Anforderungen an das Marktvolumen, Auffallen von Innovationen, Ausmaß des Risikos und Aufbau der Markenarchitektur. Sie gilt es anhand der Klassifizierung in Darstellung 56 abzuwägen, um herauszufinden, mit welchem der vier Prinzipien die gewünschte Positionierung am besten erreicht werden kann.

Dar. 55: Die vier Markenarchitektur-Prinzipien im Überblick (Quelle: In Anlehnung an Aaker, Joachimsthaler 2000, S. 105)

Ansätze / Kriterien	Haus der Marken	Haus-Mix	Markenhaus
Anzahl an Marken	≥ 2 (meist viele)	≥ 2 (teilweise viele)	1 (im Idealfall)
Anspruch an die Positionierung	spitz	spitz bis breit	breit
Autonomie des Markenprofils	hoch	mittel	gering
Aufwand für das Management	hoch	sehr hoch	gering
Ansprache der Zielgruppe	zielgenau	teilgenau	ungenau
Anforderung an das Marktvolumen	hoch (Masse)	mittel	gering (Nische)
Auffallen von Innovationen	einfach	mittel	schwierig
Ausmaß des Risikos	gering	mittel	hoch
Aufbau der Markenarchitektur	relativ einfach	komplex	einfach
	Unternehmens-/ Dachmarke dominant	Beteiligte Marken gleichwertig präsent	Familien-/ Einzelmarke dominant

Dar. 56: Markenarchitektur und Positionierung

8.2 Markenallianzen als Handlungsoption

Neben einer Ausdifferenzierung der Markenarchitektur durch die Etablierung neuer Marken bieten sich zahlreiche Formen der Kooperation mit anderen Marken an, was meist als Markenallianz bezeichnet wird. Fallweise werden dazu auch zwei Marken eines Unternehmens genutzt, was Dual Branding genannt wird und innerhalb der Markenarchitektur eines Unternehmens stattfindet. Bei Markenallianzen im eigentlichen Sinne handelt es sich demgegenüber um die Kooperation von zwei oder mehr Marken, die wirtschaftlich und rechtlich unabhängig voneinander sind. Dabei kann zwischen unterstützenden und ermöglichenden Markenallianzen unterschieden werden (vgl. Redler, Esch 2019, S. 468 f.).

Bei unterstützenden Markenallianzen geht es darum, eine bereits adressierte Leistungskategorie und damit einen bestehenden Markt besser zu durchdringen. Dafür kann z. B. der Bekanntheitsgrad und das Ansehen der Partnermarke genutzt werden. Ein positiver Bekanntheits- und Imagetransfer bringt sowohl die gemeinsam geschaffene Leistung als auch die eigene Leistung, vor allem aber die eigene Marke, im vertrauten Markt voran. Meist lassen sich auf diese Weise, zumindest kurzfristig, Preis- und/oder Mengenpremien realisieren, z. B. durch eine Mehrwert stiftende Anreicherung der eigenen Leistung, oder langfristig Lizenzeinnahmen erzielen.

Ermöglichende Markenallianzen wiederum zielen auf die Erschließung von Leistungskategorien ab, in denen das eigene Unternehmen bisher nicht aktiv ist. Durch Markenallianzen kann die eigene Zielgruppe leicht durch die Zielgruppe des Partners erweitert werden und neue Kompetenzen und Fähigkeiten lassen sich leichter und schneller aneignen. Daneben können Markenallianzen fallweise auch zur Einführung neuer Marken oder zur Umpositionierung bestehender Marken genutzt werden. Damit die genannten Ziele erreicht werden können, muss zunächst die passende Richtung, Form und Art der Allianz ausgewählt werden:

- Ausrichtungen: vertikal, horizontal und lateral
- Ausprägungen: z. B. Anzahl der Kooperationspartner
- Arten: z. B. Co-Promotions, Co-Branding und Joint Ventures

Bei der Ausrichtung kann zwischen vertikalen, horizontalen und lateralen Markenallianzen unterschieden werden. Bei vertikalen Allianzen bieten sich die Lieferanten und gewerblichen Kunden eines Unternehmens als Partner an, die vor- bzw. nachgelagert agieren. Paradebeispiel ist die Zusammenarbeit von Prozessorhersteller Intel mit verschiedenen Computerherstellern im Rahmen von Ingredient Branding.

Daneben sind horizontale Allianzen möglich. Sie ermöglichen es, z. B. mit einem Mitbewerber gemeinsam Ressourcen zu nutzen. Da sich horizontale Partner im gleichen Geschäftszweig und auf der gleichen Wertschöpfungsstufe befinden, ist bei dieser Form der Zusammenarbeit Vorsicht geboten, weil es schnell zu Konflikten kommen kann. Gleichzeitig ergeben sich bei dieser Art der Zusammenarbeit zahlreiche Potenziale, wenn zwei Partner ihre Fähigkeiten (z. B. Patente und das Know-how der Mitarbeiter) und Faktorausstattungen (mit Cash, Kapitel oder Kapazitäten) gemeinsam nutzen, um gegenüber weiteren Wettbewerbern erfolgreicher zu sein – und durch die Partnermarke neue Zielgruppen zu erreichen oder bestehende zu erweitern. Die Wettbewerber Coca-Cola, Bitburger, Krombacher und Rotkäppchen-Mumm haben beispielsweise mit Kollex ein Tech-Startup als Joint Venture gegründet, das Gastronomen die Möglichkeit bietet, alle ihre Waren bei allen ihren Lieferanten über eine App zu bestellen. Die Partner können auf diese Weise einerseits ihre Ressourcen gemeinsam nutzen und andererseits von der Expertise der Partner profitieren. In ähnlicher Weise betreiben die miteinander im Wettbewerb stehenden Brauereien Bitburger, Krombacher und Warsteiner gemeinsam mit dem Einzelhändler Rewe (als vertikalem Partner) den Getränkelogistiker Trinks.

Schließlich sind auch laterale Kooperationen möglich. Sie führen dazu, dass mit Unternehmen bzw. Marken aus einer anderen Branche oder einem anderen Geschäftsfeld zusammengearbeitet wird. Meist ist die logische Verbindung zwischen den beiden Partnern auf den ersten Blick nicht erkennbar, da die Kooperation außerhalb der eigenen Wertschöpfungsaktivitäten stattfindet, was vorab meist viel Abstimmungsaufwand erfordert. Dafür ergeben sich viele Möglichkeiten, neue Leistungen oder Vermarktung- und Vertriebsansätze für Kunden zu entwickeln. Ein Beispiel sind die Co-Promotion-Aktivitäten von Ferrero mit seinen Produktmarken duplo, hanuta und kinder mit dem Deutschen Fußball-Bund. In Darstellung 57 sind die drei Möglichkeiten der Ausrichtung von Markenallianzen veranschaulicht.

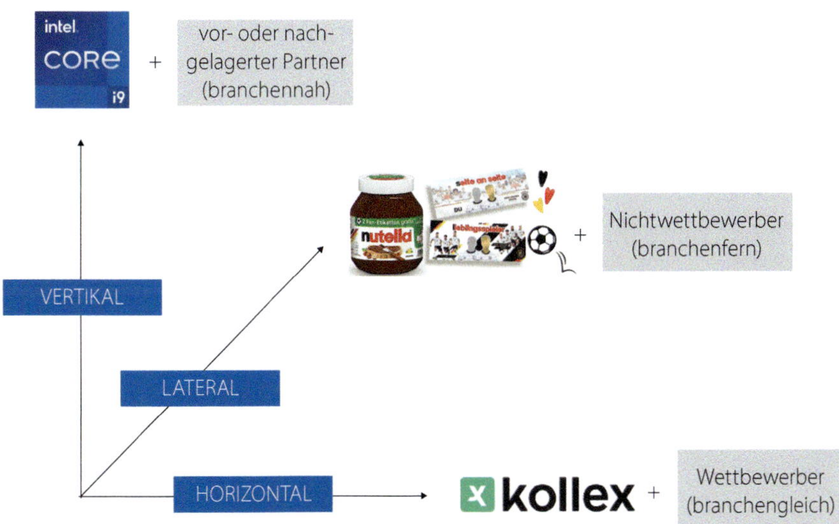

Dar. 57: Ausrichtungsmöglichkeiten für Markenallianzen

Neben drei Arten der Ausrichtung können sechs zentrale Ausprägungen von Markenallianzen unterschieden werden. Dazu zählen das rechtliche Eigentum, die Wertschöpfungsstufe, die Anzahl Partner, die Rangordnung, die Dauer der Zusammenarbeit und die Leistungskategorie. Die genannten Ausprägungen und ihre wichtigsten Ausprägungsformen sind in Darstellung 58 aufgeführt.

Dar. 58: Ausprägungsformen von Markenallianzen

Unterscheidungkriterium	Ausprägungsform 1	Ausprägungsform 2
Rechtliches Eigentum	Gleicher Eigentümer (intern)	Verschiedene Eigentümer (unternehmensübergreifend)
Wertschöpfungsstufe(n)	Auf gleicher Wertschöpfungsstufe	Auf unterschiedlichen Wertschöpfungsstufen
Anzahl (und Struktur)	Ein Partner (einfach)	Mehrere Partner (komplex)
Rangordnung (Hierarchie)	Gleichgestellt	Nicht gleichgestellt
Dauer (und Intensität)	Kurz- bis mittelfristig (eher oberflächlich)	Mittel- bis langfristig (meist intensiv)
Angedachte Leistungskategorie(n)	Übereinstimmend (erhaltend)	Differenzierend (erweiternd)

Ergänzend hierzu lassen sich insgesamt 18 Arten von Markenallianzen unterscheiden. Als zentrale Unterscheidungsparameter dienen dabei die Dauer und Intensität der Allianz. Da die beiden Kriterien nicht unabhängig voneinander sind, lassen sich drei Stufen der zunehmenden Dauer und Intensität von Allianzen unterscheiden (▸ Dar. 59).

Fast immer gehen kurzfristige Maßnahmen mit einer geringen Intensität einher, mittelfristige sind meist mit einer mittleren und langfristige fast immer mit einer hohen Intensität in Bezug auf die Zusammenarbeit verbunden. Bei rückläufiger Intensität im Zeitverlauf ist das oft ein Frühindikator für das nahende Ende einer Kooperation.

Bei Kooperationsformen mit geringer Kooperationsdauer und geringer Kooperationsintensität handelt es sind häufig um einmalige, kurzfristige Aktionen mit Projektcharakter. Die Partnermarken werden dazu genutzt, die Marketing- und Vertriebsziele so effizient wie möglich zu erreichen. Dazu zählen vor allem Co-Promotions und Cross-Referencing, die in Darstellung 60 näher beschrieben werden.

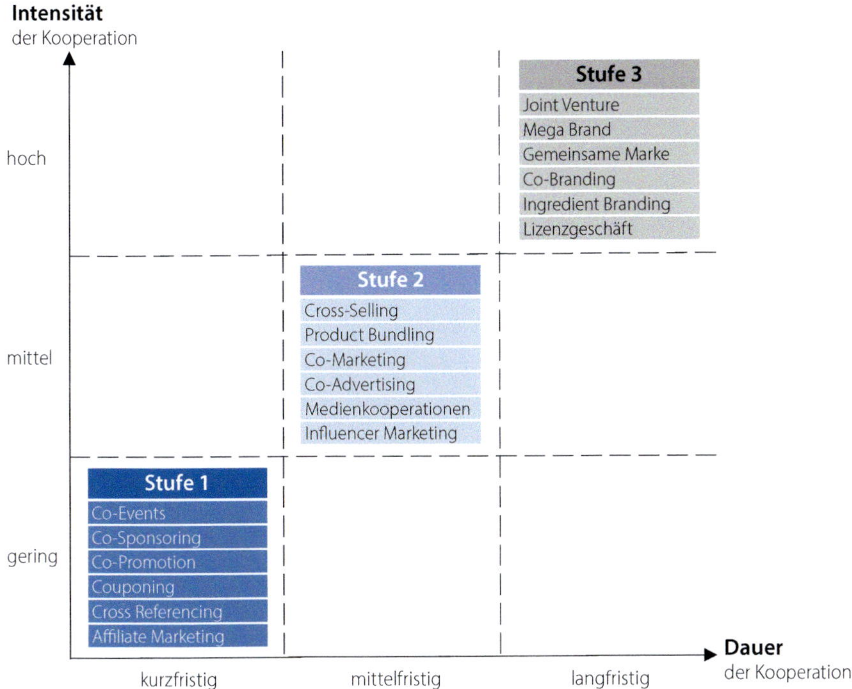

Dar. 59: Arten von Markenallianzen nach Intensität und Dauer

Dar. 60: Die kurzfristigen Optionen Co-Promotion und Cross Referencing

Art der Allianz	Beschreibung	Beispiel
Co-Promotion	Gemeinsame Kommunikation und Verkaufsförderung. Es wird keine neue Leistung auf den Markt gebracht, sondern alle Marken tragen mit ihren besehenden Leistungen dazu bei, die gemeinsame Verkaufsförderung erfolgreich zu machen, z. B. im Rahmen eines gemeinsamen Gewinnspiels.	*Happy Meal* als Kooperation zwischen *McDonald's* und Marken der integrierten Aktionsprodukte (z. B. *Disney*, *Nintendo*, *Playmobil*, *Schleich*); häufig auch im Lebensmittelbereich, z. B. *Gazi Grill- und Pfannenkäse* mit integrierten Gewinnspielen für andere Marken (z. B. *Mercedes-Benz*, *Kitchen Aid* oder *Bosch Hausgeräte*) auf der Verpackung.
Cross Referencing	Gegenseitige Darstellung und Referenzierung des Kooperationspartners bei der eigenen Zielgruppe.	*Bosch* und *Siemens* haben neben dem Bedienfeld ihrer Geschirrspülmaschinen eine Empfehlung für *Finish* als Geschirrspülmittel integriert. *Finish* wiederum wirbt auf seinen Verpackungen mit dieser Nummer-1-Empfehlung.

Daneben bieten sich Affiliate Marketing, Couponing, Co-Sponsoring und Co-Events als meist kurzfristige Ausprägungen von Markenallianzen an.

Bei einer mittelfristigen Dauer und einer mittleren Intensität der Zusammenarbeit kommen demgegenüber meist Co-Advertising, Product Bundling, Medienkooperationen, Cross-Selling im Rahmen von Vertriebspartnerschaften oder Co-Marketing zum Einsatz. Auch das Influencer Marketing zählt meist zu Stufe 2 der Arten von Allianzen. Die häufig genutzten Arten Co-Advertising und Product Bundling sind in Darstellung 61 kompakt erläutert.

Dar. 61: Die mittelfristigen Optionen Co-Advertising und Product Bundling

Art der Allianz	Beschreibung	Beispiel
Co-Advertising	Gemeinsame Werbung mehrerer Marken für die Leistung von einem der beiden Partner oder für Leistungen aller beteiligten Partner.	Gemeinsamer Werbespot der *Telekom* mit *Apple* für das *iPhone 12 Pro*, in dem es um die durch die *Telekom* geschaffene Nutzer-Verbundenheit und das integrierte Produkt *iPhone* geht.
Product Bundling	Gemeinsames Angebot der Leistungen beider Partner zusammen zu einem günstigeren Gesamtpreis (im Vergleich zu den Einzelpreisen) für einen befristeten Zeitraum.	Erhalt eines *Adidas*-Gutscheins oder Halbjahresvorrats *Persil*-Waschmittel beim Kauf einer bestimmten Waschmaschine von *Siemens* bzw. *Bosch*.

Bei einer langfristigen und intensiven Markenallianz schließlich bieten sich u. a. das Ingredient Branding, das Co-Branding und eine Gemeinsame Marke als Optionen an (▶ Dar. 62).

Dar. 62: Die langfristigen Optionen Ingredient Branding, Co-Branding und gemeinsame Marke

Art der Allianz	Beschreibung	Beispiel
Ingredient Branding	Integration von Vorprodukten in das Hauptprodukt und anschließend für die Kunden erkennbare Kennzeichnung der sichtbaren Komponente bzw. bei Nichtsichtbarkeit des Hauptproduktes mit der Komponenten-Marke.	*Porsche* verbaut Sound-Systeme von *BOSE* bzw. *Burmester* in seinen Modellen. Die Komponenten bzw. die Lautsprecherverkleidungen sind für die Kunden gut sichtbar mit dem Markennamen gekennzeichnet.
Co-Branding	Vermarktung einer neuen gemeinsamen Leistung der beteiligten Marken, häufig samt Darstellung der Namen der beteiligten Partner auf der Leistung.	*HypoVereinsbank* und *FC Bayern München* bieten eine gemeinsame FCB *Mastercard*-Kreditkarte an, alle drei beteiligten Marken werden gut sichtbar auf der Vorderseite der Kreditkarte platziert.

Dar. 62: Die langfristigen Optionen Ingredient Branding, Co-Branding und gemeinsame Marke – Fortsetzung

Art der Allianz	Beschreibung	Beispiel
Gemeinsame Marke	Entwicklung einer gemeinsamen neuen Marke, die anschließend von den beteiligten Marken gemeinsam vermarktet wird.	*Philips* etablierte gemeinsam mit *Jacobs Douwe Egberts (JDE)* die gemeinsame Marke *Senseo*. Während *Philips* die Kaffeemaschinen produziert, werden die Pads von *Douwe Egberts* hergestellt. Gegenüber den Kunden treten beide Marken als gemeinsame Marke *Senseo* am Markt auf.

Auch Lizenzen sind eine mögliche Form der Allianz auf Ebene 3. Für besonders langfristige, intensive Markenallianzen bieten sich Mega Brands und Joint Ventures an (vgl. hierzu ausführlich Kilian 2023, S. 450 ff.).

Für die Auswahl geeigneter Kooperationspartner empfiehlt sich ein systematisches Vorgehen, wobei zwischen Ausschluss-, Mindest- und Bewertungskriterien unterschieden werden kann. Zu den Ausschlusskriterien gehören aktuelle und potenzielle Wettbewerber sowie problematische Unternehmenssitationen. Zu den Mindestkriterien, bei denen ein vorab definiertes Niveau mindestens erreicht werden muss, zählen die Markenstärke und der Zielgruppenfit bzw. die Zielgruppenkomplementarität. Als Bewertungskriterien wiederum dienen der Markenfit, der Kulturfit und der Leistungsfit (▶ Dar. 63).

Dar. 63: Markenallianz-Auswahlkriterien

Typus	Hauptkriterien	Unterkriterien
Ausschluss kriterien	Wettbewerber	Aktuell
		Potentiell
	Unternehmenssituation	Kooperiert mit Wettbewerber
		Aus konkurrierender Branche
		Von negativer PR betroffen
		Hat wirtschaftliche Probleme
		Nicht bereit für Kooperation
Mindest kriterien	Markenstärke	Markenbekanntheit
		Markenimage
		Vorhandene Imagehebel

Dar. 63: Markenallianz-Auswahlkriterien – Fortsetzung

Typus	Hauptkriterien	Unterkriterien
	Zielgruppenfit bzw. -komplementarität	Demographische Merkmale
		Psychographische Merkmale
		Geographische Merkmale
		Affinität der Zielgruppen
		Komplementarität der Zielgruppen
Bewertungs kriterien	Markenfit	Fit bei Wert 1
		Fit bei Wert 2 etc.
		Mission/Purpose
		Vision/Perspektive
		Preis
		Qualität
		Glaubwürdigkeit der Kooperation
	Kulturfit	Unternehmenskultur
		Marketing-/Markenkultur
	Leistungsfit	Leistungseigenschaften
		Leistungskategorien
		Nutzungsanlass/-situation

8.3 Markenallianzen am Beispiel des Co-Branding

Im Folgenden wird vertiefend auf die bekannteste und beliebteste Art der Markenallianz, das Co-Branding, näher eingegangen. Dabei arbeiten zwei oder mehr eigenständige Marken bei der Entwicklung und Vermarktung gemeinsamer Produkte und/oder Dienstleistungen zusammen. Beispiele für Co-Branding Kooperationen sind Eiscreme von Häagen-Dazs und Baileys, die TUI-Card von Visa sowie eine Luxusuhr von Breitling und Bentley. Damit eine Zusammenarbeit als Co-Branding bezeichnet werden kann, müssen im Wesentlichen folgende vier Merkmale erfüllt sein:

- Verknüpfung von mindestens zwei Marken
- Gemeinsame Leistung der Marken
- Kooperation nach außen für Dritte wahrnehmbar
- Weiterhin Eigenständigkeit der beteiligten Marken

Das Co-Branding kann sich auf zwei Arten auswirken: über Co-Branding-Effekte, die sich direkt auf die gemeinsam gebrandete Leistung beziehen und über Spill-Over-Effekte, die sich indirekt auf die beteiligten Marken selbst beziehen. Im Folgenden die fünf wichtigsten direkten Wirkungseffekten:

- Erfolgreicher Eintritt in neue Marktsegmente
- Überwindung von Markteintrittsbarrieren
- Bündelung komplementärer Kompetenzen
- Verbesserung der Leistungsbeurteilung
- Realisierung von Umsatz- und Gewinnpotentialen

Daneben gilt es, auch die indirekten Wirkungseffekte zu berücksichtigen. Sie ergeben sich aus möglichen Transferleistungen auf die Ausgangsmarken. Im Idealfall kommt es zur Übertragung von positiven Assoziationen von der Co-Brand auf die eigene Individualmarke und die Individualmarke des Kooperationspartners. Dadurch kann die Wahrnehmung der eigenen Marke über die Partnerschaft hinaus positiv beeinflusst werden. Zu den positiven Spill-Over-Effekten zählen:

- Imagestärkung der Individualmarken
- Imageänderung der Individualmarken
- Umpositionierung von einer oder beiden Marken
- Zielgruppenausweitung für die Individualmarken
- Positive Verbundeffekte in Form von Cross-Selling

In Darstellung 64 sind die Zusammenhänge und zentralen Ziele des Co-Brandings und die beiden Wirkungsrichtungen noch einmal kompakt wiedergegeben.

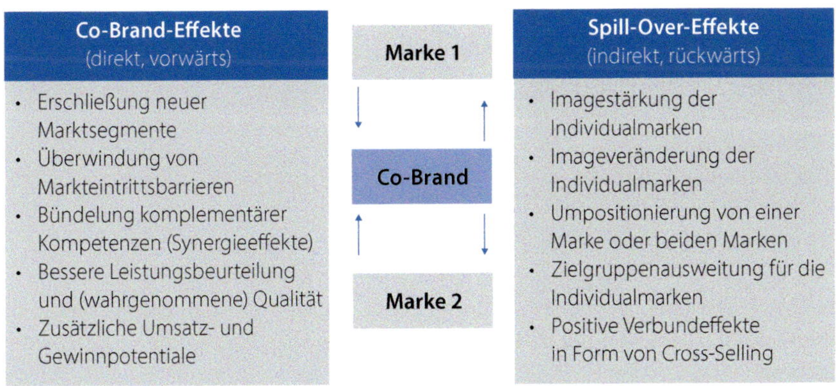

Dar. 64: Zielsetzungen des Co-Brandings

Neben den Zielen gilt es vorab eine Reihe strategischer und operativer Erfolgsfaktoren zu prüfen. Dazu zählen aus strategischer Sicht insbesondere der Leistungs-Fit, die Leistungskomplementarität, die Markenstärke und der Marken-Fit. Operativ sind die Rollenverteilung, die Namensstellung, der abgestimmte Einsatz der Markenelemente und eine stimmige Verpackungsgestaltung bedeutsam. Anschließend gilt es passende Partner für die Markenallianz zu finden. Dazu bieten sich folgende sechs Schritte an:

1. Grobkonzept mit ersten Kooperationsideen
2. Projektbezogenes Anforderungsprofil
3. Systematische Vorauswahl geeigneter Partner
4. Kooperationsangebot erstellen
5. Kontaktaufnahme mit potenziellem Partner
6. Eignung des potentiellen Partners prüfen und bewerten

8.4 Markenallianzen mit Influencern

Neben einer Allianz mit anderen Marken, bietet sich die Zusammenarbeit mit Menschen an, konkret mit Influencern. Bei Influencern, vom Englischen »to influence« für beeinflussen, handelt es sich um Personen mit Ansehen, Einfluss und Reichweite. Diesen Status erreicht haben die Influencer durch das Posten von Inhalten in Form von Text, Bild, Audio und/oder Video zu bestimmten Themengebieten auf sozialen Netzwerken wie Instagram, TikTok und LinkedIn. Fallweise werden sie deshalb auch als Content Creators bezeichnet. Sie gelten als Meinungsführer und Multiplikatoren, da sie durch die Qualität ihrer Informationen sowie ihre vielfältigen Aktivitäten in den sozialen Netzwerken Trends und Meinungen auslösen und beeinflussen können. Von den Followern, auch Fans oder Abonnenten genannt, werden Influencer meist als glaubwürdige und authentische Experten wahrgenommen, die mit ihrer Fachkompetenz und Authentizität inspirieren und idealerweise Käufe initiieren. Grundsätzlich lassen sich dabei vier Arten von Influencern unterscheiden:

- Klassische Influencer
- Social-Media-Stars
- Virtuelle Influencer
- Corporate Influencer

Bei den klassischen prominenten Influencern handelt es sich um Personen des öffentlichen Lebens, die durch Sport, Musik, Mode oder Film und Fernsehen weithin bekannt geworden sind und über eine entsprechend große Fanbase in den sozialen Medien verfügen. Demgegenüber sind Social-Media-Stars prominente Internet-Influencer, die aufgrund ihrer Aktivitäten in den sozialen Medien bekannt geworden sind und oft über Fans, Follower und Abonnenten in Millionenhöhe verfügen. Virtuelle Influencer wiederum sind computergenerierte Charaktere, die als fiktive Figuren in der werblichen Kommunikation nach außen eingesetzt werden, wohingegen es sich bei Corporate Influencern um reale Mitarbeiter eines Unternehmens handelt, die ihr Unternehmen, meist ergänzend zu ihrer regulären Tätigkeit, nach innen und außen repräsentieren. Fallweise kommt es auch zum gemeinsamen Auftritt von zwei der vier Influencer-Typen, wie der Post von Social-Media-Star Pamela Reif mit der virtuellen Influencerin Noonouri in Darstellung 65 zeigt.

Virtuelle Influencerin
Noonoouri
&
Social-Media-Star
Pamela Reif

im gemeinsamen
Fitness-Video (Reel)

Dar. 65: Gemeinsames Instagram Reel von Pamela Reif und Noonoouri

In Zukunft wird es nicht nur vermehrt zu Kooperationen zwischen virtuellen und realen Influencern kommen, sondern es wird auch immer häufiger zu einem Konkurrenzkampf zwischen beiden Influencertypen um die Werbebudgets bekannter Marken kommen. Bei der Auswahl von Influencern helfen die fünf BARDE-Kriterien Bekanntheit, Assoziationsprofil, Reichweite, Durchführbarkeit und Eignung (▶ Dar. 66).

Dar. 66: BARDE-Dimensionen der Influencer-Auswahl

Bekanntheit	Assoziationsprofil	Reichweite	Durchführbarkeit	Eignung
• visuell • (Gesicht) • namentlich • Top of mind • ungestützt • gestützt • allgemein • geographisch	• Beliebtheit • Sympathie • Vertrauens-/Glaubwürdigkeit • Persönlichkeit – Klarheit – Einzigartigkeit – Attribute • Attraktivität	• in den sozialen Medien – allgemein – geographisch – in der relevanten Zielgruppe • durch eigene Seiten bei – Instagram	• Akquisitionskosten/Erreichbarkeit • Verfügbarkeit • Bereitschaft zur vertraglichen Zusammenarbeit • Honorarvorstellungen • Vertragsdauer	• werblich • schauspielerisch • Identifikations-/Vorbildpotential • Relevanz/Markenfit – Werte – Inhalte

Dar. 66: BARDE-Dimensionen der Influencer-Auswahl – Fortsetzung

Bekanntheit	Assoziations-profil	Reichweite	Durchführbar-keit	Eignung
• in der relevanten Zielgruppe • medienbezogen – klassisch – sozial • zeitlich – aktuell – zukünftig	• Auftreten • Expertise • Beruf(ung) • Sozialer Status • Einfluss • Meinungsführerschaft	– YouTube – Facebook – Twitter – TikTok – etc. • durch Kooperationen mit anderen Stars	• weitere Engagements bzw. Exklusivität – vollständig – branchenbezogen – räumlich – zeitlich	– Zielgruppe • Konflikt-/Skandalpotential • Erfolgserwartung/ Trendsetterpotential bzw. • Karriereendegefahr/-nähe

Von zentraler Bedeutung sind in diesem Zusammenhang die drei Parameter Reichweite, Relevanz und Resonanz (vgl. ausführlich Kilian 2022c, S. 472 f.) Grundsätzlich lassen sich Influencer im Hinblick auf ihre Reichweite in Abhängigkeit von der Anzahl ihrer Follower in fünf Größenklassen unterteilen, angefangen von den Nano-Influencern mit vierstelliger Followerzahl bis hin zu den Giga-Influencern mit zehn Millionen Followern oder mehr (▸ Dar. 67).

Dar. 67: Einteilung von Influencern nach Anzahl der Follower

Influencer-Größenklassen	Anzahl der Follower
Nano	1.000 bis 9.999 (4-stellig)
Mikro	10.000 bis 99.999 (5-stellig)
Makro	100.000 bis 999.999 (6-stellig)
Mega	1.000.000 bis 9.999.999 (7-stellig)
Giga	≥ 10.000.000 (8- oder 9-stellig)

Die fünf genannten Typen von Influencern lassen sich zudem in Bezug auf ihr räumliches und branchengezogenes Einsatzspektrum sowie im Hinblick auf ihre Verbindung zum Unternehmen unterscheiden. Während klassische prominente Influencer als Externe meist national bis global in B2B-Märkten eingesetzt werden, sind Corporate Influencer feste Mitarbeiter des Unternehmens, die primär regional und national eingesetzt werden und darüber hinaus vielfach eher in B2B-Märkten zum Einsatz kommen.

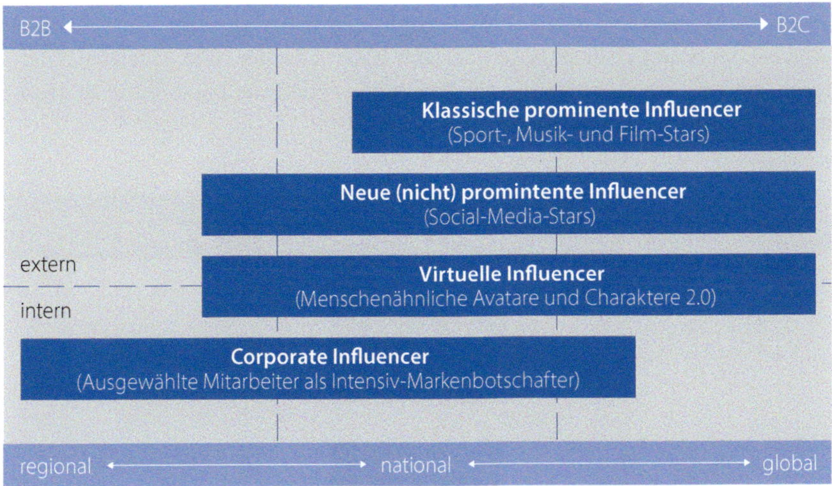

Dar. 68: Marktbereich und Brancheneignung der vier Influencer-Typen

Virtuelle Influencer können aus Unternehmenssicht (▶ Dar. 68) sowohl Interne als auch Externe sein. Als externe Influencer ähneln sie den klassischen und den Social-Media-Stars. Sie können temporär oder dauerhaft für Markenkampagnen bei den sie erschaffenden Unternehmen gebucht werden. Daneben besteht die Möglichkeit, unternehmenseigene digitale Influencer zu entwickeln bzw. entwickeln zu lassen. Beispiele sind die virtuelle Figur Lu do Magalu des brasilianischen Handelsunternehmens Magazine Luiza, kurz Magalu, die modernisierte virtuelle Variante des KFC-Gründers Colonel Sanders und Renault-Kadjar-Testfahrerin Liv in Darstellung 69. In diesem Fall können die virtuellen Influencer, analog zu Corporate Influencern, als interne Influencer angesehen werden.

Dar. 69: Frei verfügbare und unternehmenseigene virtuelle Influencer

Für das Management aller vier Influencer-Typen bietet sich ein weitgehend einheitlicher vierstufiger Prozess an, der mit einer internen und externen Analyse beginnt und mit der Auswertung der Ergebnisse endet, wie Darstellung 70 deutlich macht (vgl. hierzu ausführlich Kilian 2024).

Dar. 70: Vierstufiger Prozess für das Management der vier Influencer-Typen

Grundsätzlich sind alle vier Influencer-Typen für alle Unternehmen denkbar. In den meisten Fällen empfiehlt sich jedoch eine Fokussierung auf zwei oder drei der vier Influencer-Typen. Zudem sind häufig unterschiedliche Bereiche im Unternehmen damit befasst. Während klassische Prominente, Social-Media-Stars und Virtuelle Influencer meist von der Marketing- oder Markenabteilung koordiniert und eingebunden werden, sind bei Corporate Influencern meist die Abteilungen Personal und/oder Unternehmenskommunikation federführend.

Bei allen vier Influencer-Typen sind zudem zum Teil variierende Informations- und Kennzeichnungspflichten zu beachten, mit denen sichergestellt wird, dass das Influencer Marketing von Erfolg gekrönt ist und nicht zu Abmahnungen oder Bußgeldern führt. Insgesamt bieten alle vier Influencer-Formate Unternehmen interessante Möglichkeiten, mit externen Interessengruppen in Kontakt zu treten, potenzielle Mitarbeiter und Kunden für das eigene Unternehmen zu interessieren sowie Mitarbeiter und Kunden zu finden und an sich zu binden.

9 Auffrischung – bestehende Marken relaunchen oder revitalisieren

Neben der Internationalisierung, Dehnung und Ergänzung bieten sich folgende zwei Möglichkeiten zur Auffrischung vorhandener Marken an:

- Markenrelaunch: Wiedereinführung bzw. Neubewerbung einer Marke
- Markenrevival: Wiederaufleben lassen einer zuvor vom Markt genommenen Marke

Beim wesentlich häufiger durchgeführten Markenrelaunch erfolgt eine mehr oder weniger umfangreiche Anpassung des bisherigen Markenauftritts. Mit einer Auffrischung der Botschaft, des Namens, der Elemente und/oder Signale erhält eine »in die Jahre gekommene Marke« vielfach »frischen Wind«:

- Botschaft: Anpassung einzelner oder aller Markenwerte und/oder der Positionierung
- Name: Anpassung oder Austausch des Markennamens
- Elemente: Anpassung einzelner oder aller Design- und Gestaltungselemente
- Signale: Anpassung von Produkt (Leistung), Umfeld (z. B. Vertriebskanal), Medium (z. B. Werbekampagne) und/oder Person (z. B. Celebrity)

Vielfach erfolgen Änderungen eher an der Oberfläche. Mal wird eine neue Werbekampagne erdacht, ein anderes Mal das Verpackungsdesign überarbeitet oder der Medienmix verändert, z. B. von klassischen Medien auf Online-Medien umgeschichtet. Eher selten kommt es zu grundlegenden Anpassungen der Marke, was meist als Neu- oder Umpositionierung bezeichnet wird. Frosta z. B. hat 2003 mit dem Reinheitsgebot die eigenen Tiefkühlprodukte grundlegend verändert. Konkret wird seitdem auf jegliche Zusätze wie Geschmacksverstärker, Aromen und Farbstoffe verzichtet. Rügenwalder Mühle wiederum hat sich 2014 dazu entschlossen, auch Fleischersatzprodukte unter dem roten Windmühlenlogo mit den aus zwei Würsten bestehenden Flügeln zu vermarkten. Katjes verzichtet demgegenüber seit 2016 auf Gelatine und bietet seitdem nur noch vegetarische Süßigkeiten an.

Auslöser in allen drei Beispielen waren gesellschaftliche Veränderungen mit Bezug zur Ernährung, insbesondere vermehrt auftretende Unverträglichkeiten sowie ein verstärktes Bewusstsein für Tierwohl und Umweltschutz. Üblicherweise lassen sich vier Gründe identifizieren, die zu einem umfassenderen Relaunch führen (vgl. Feddersen 2010, S. 52 ff.):

- Verlust der eigenständigen Positionierung im Zeitverlauf
- Überforderung aufgrund zu starker externer Dynamik
- Mangelnde Konsistenz und Kontinuität
- Defizite bei der Implementierung

Typischer Auslöser für den Verlust einer eigenständigen Positionierung ist die Überdehnung einer Marke. Oft werden immer mehr Leistungen unter einer Marke angeboten, die nur noch wenig gemeinsam haben. Das einstmals klare Markenprofil wird schwammig, weshalb es zu einer Markenerosion kommt. Das Markenprofil wird brüchig. Mit einem Relaunch, häufig verbunden mit einer deutlichen Ausdünnung des Leistungsportfolios, kann dem entgegengewirkt und die Marke zu alter Stärke zurückgeführt werden.

Die Firma Kärcher z. B. hat 1935 als Heiztechnikspezialist begonnen und 1950 den ersten europäischen Heißwasser-Hochdruckreiniger auf den Markt gebracht, wodurch sich das Produktsortiment deutlich erweiterte. 1974 entschied sich das Unternehmen, den Fokus voll auf Hochdrucktechnik für professionelle Anwender zu legen und von der Farbe Hammerschlagblau zum heute weltweit bekannten Kärcher Gelb zu wechseln. Zehn Jahre später folgten die ersten tragbaren Hochdruckreiniger für Privatleute. 2003 kamen die ersten Reinigungsroboter dazu, 2008 die ersten Fenstersauger und 2013 entschied sich Kärcher dazu, die professionellen Geräte in Anthrazit zu vermarkten und die Geräte für Privatleute unverändert in Gelb, um so die beiden Marktsegmente besser voneinander abzugrenzen. Das Beispiel zeigt, dass ein Relaunch alle fünf, 10 oder 15 Jahre nichts Ungewöhnliches ist. Oft ist es notwendig, »aufzuräumen« und die eigene Marke mal wieder »durchzukärchern«.

Weitere Auslöser für den Verlust einer eigenständigen Positionierung sind Mehrmarkenstrategien, bei denen die Abgrenzung zwischen den Marken mit der Zeit immer schwammiger wird. Dies ist insbesondere der Fall, wenn Innovationen bei allen Marken (gleichzeitig) eingeführt werden, anstatt sie (zumindest temporär) einer Marke zur klaren Positionierung und Profilierung zu überlassen. Die ungenügende Differenzierung kann in der Folge zu einer zunehmenden Kannibalisierung zwischen den Marken führen und eine Repositionierung oder Refokussierung notwendig machen.

Auch ein wenig dynamischer Markt mit relativ homogenen Produkten und Dienstleistungen schränkt die Positionierungsmöglichkeiten von vorneherein relativ stark ein. Transfermärkte sind häufig nicht sonderlich groß, attraktive Nischen bereits besetzt und die Differenzierung häufig auf funktionale Merkmale begrenzt. Klassisches Beispiel hierfür ist der Markt für Kraftstoffe mit Marken wie Aral, Esso, Jet und Shell.

Demgegenüber kann ein Markt, der durch die Kunden und/oder Wettberber dynamisiert wird, dazu führen, dass ein Unternehmen markentechnisch überfordert wird. Die zunehmende Heterogenisierung und Individualisierung der Nachfrage beispielsweise kann dazu führen, dass es dem Unternehmen nicht mehr gelingt, die eigene Marke adäquat zu positionieren. Vielfach wird die Positionierung dadurch komplexer. Ähnliche Effekte ergeben sich durch Markt prägende, kurzfristigen Trends, die zu schnell wechselnden Kundenbedürfnissen führen und die gewählte Positionierung innerhalb kürzester Zeit als veraltet erscheinen lassen. Technologische Neuerungen und verkürzte Produkt- und Dienstleistungszyklen können Markenverantwortliche und ihre Marke ebenfalls überfordern. Vergleichbare Herausforderungen ergeben sich bei einem dynamischen Wettbewerbsumfeld, das in gleicher Weise wie die Kunden, die Marke unter Druck setzt und fallweise die Markenverantwortlichen überlastet. Verschärft wird diese Situation durch Substitutionslösungen, den Eintritt neuer Wettbewerber und den Zusammenschluss von Konkurrenten, die die Stellung der eigenen Marke am Markt spürbar beeinflussen und einen Relaunch samt Repositionierung notwendig machen können.

Drittens kann die mangelnde Konsistenz und Kontinuität einen Relaunch notwendig machen. Konkret macht ein Relaunch erst einen weiteren Relaunch erforderlich. Auslöser kann sein, dass einzelne oder alle Markenwerte und/oder wichtige Markenelemente nicht beibehalten wurden oder, dass Widersprüche zwischen dem ursprünglichen und dem neuen Markenauftritt sichtbar werden, wie es nach dem Relaunch von Bahlsen im Jahr 2021 der Fall war (vgl. Kilian, zitiert nach Steiner 2023, S. 78 ff.).

Schließlich kann es viertens bei der Umsetzung eines Relaunchs zu Implementierungsfehlern kommen. Gründe können unzureichende Marktforschung, fehlerhafte Customer Insights, kurzfristig ausgelegte Management-Incentivierungen und/oder eine unzureichende Einbeziehung der Markenverantwortlichen in die Leistungsentwicklung und -erstellung sein. Sie müssen dann markentechnisch umsetzen, was andere entschieden haben, ohne dabei vielfach die Marke und ihre Charakteristika im Blick gehabt zu haben.

Mit einem Relaunch sind eine Reihe Chancen und Risiken verbunden, die es im Blick zu behalten sind. Zu den Chancen zählt, z. B. eine in die Jahre gekommene Leistung, die zu degenerieren droht, wieder aufzufrischen und im Lebenszyklus zurück in die Wachstumsphase zu bringen. Zu den Risiken gehört, dass mehr bisherige Kunden abwandern, als erwartet und erhoffte, neue Kunden nicht im gewünschten Umfang dazukommen. In Darstellung 71 sind die wichtigsten Chancen und Risiken wiedergegeben.

Dar. 71: Mit einem Relaunch verbundene Chancen und Risiken

Chancen	Risiken
Verlängerung des Lebenszyklus einer Leistung	Beschleunigung des Niedergangs am Markt
Verbesserung der inhaltlichen Abgrenzung (Differentiation)	Verwirrung und Irritation bestehender Kunden bis hin zu Vertrauensverlust
Gewinnung neuer Zielgruppen (Neukunden)	Verlust bestehender Zielgruppen (Bestandskunden)
Stärkung der gestalterischen Kennzeichnungskraft (Distinctiveness)	Schwächung der Wiedererkennbarkeit zentraler Markenelemente
Realisierung von Umsatz- und Gewinnpotenzialen	Erhöhung des Zeitbedarfs und der Kosten in unerwartetem Ausmaß

Neben einem Relaunch besteht die Möglichkeit eines Revivals. Dazu wird eine nicht mehr genutzte Marke reaktiviert und so weit als möglich revitalisiert. Bekannte Beispiele für das Revival und damit für das Wiederaufleben lassen von Marken sind die Orangenlimonade Bluna, Creme21 und Maybach-Luxusautos (die heute nur noch als Mercedes-Maybach vermarktet werden). Meist ist der Erfolg überschaubar, was sich fast immer mit den Gründen für das frühere Verschwinden der Marken vom Markt erklären lässt. Vielfach ist es nun mal sinnvoll, das vorhandene Markenportfolio zu überprüfen und ggf. zu straffen – und einzelne Marken im Zweifelsfall auch ganz vom Markt zu nehmen.

10 Straffung – vorhandene Marken migrieren oder eliminieren

Als fünfte Option bietet sich die Straffung des eigenen Markenportfolios an. Konkret kann dies durch die Migration und damit das Verschmelzen von Marken durch den Verkauf, die Abschöpfung oder durch die Eliminierung einzelner Marken erreicht werden, wie Darstellung 72 zeigt.

Migration	Verkauf	Abschöpfung	Eliminierung
Überführen einer bestehenden Marke in eine andere	Verkaufen einer Marke an ein anderes Unternehmen	Reduzieren der Investitionen in eine Marke zum Vorbereiten ihrer Eliminierung	Streichen einer Marke inklusive ihrer Leistungen

komplex ← Umsetzung → einfach

Dar. 72: Vier Handlungsoptionen zur Straffung des Markenportfolios

Mit der Markenmigration wird eine Marke in eine andere – bestehende oder neue – Marke überführt. Dabei bleibt das Leistungsangebot erhalten, während der Markenname und/oder das Logo ausgetauscht werden. Neben wirtschaftlichen und rechtlichen Gründen kann eine Markenmigration auch zur internationalen Standardisierung einer Marke genutzt werden. Durch die Vereinheitlichung der Marke werden Kosten reduziert und ein international einheitliches Image kann aufgebaut werden. Da bereits der Wechsel des Markennamens eine weitreichende Veränderung darstellt, sollte eine Migration nur durchgeführt werden, wenn die verbliebene Marke dadurch langfristig erfolgreicher wird.

Der Verkauf einer Marke bietet sich an, wenn eine Marke langfristig unprofitabel ist oder sich negativ auf die Wahrnehmung der Dachmarke auswirkt. Auch der Verkauf profitabler Marken ist denkbar, wenn die Marke nicht mehr in das Markenportfolio passt oder eine stärkere Fokussierung angestrebt wird. Falls durch den Verkauf der Marke ein relevanter Wettbewerber gestärkt wird, sollte die Marke besser eliminiert werden.

Die Abschöpfung bietet sich an, wenn eine Marke über loyale Kunden sowie einen positiven Cash-Flow verfügt, der über einen längeren Zeitraum abgeschöpft werden kann. Bei der Abschöpfung werden die Investitionen in die Marke schrittweise reduziert, um die spätere Eliminierung vorzubereiten. Geht die Nachfrage so weit zurück, dass die Kosten für die Weiterführung der Marke die Einnahmen übersteigen, wird sie schließlich eingestellt. Fallweise ist auch ein Verkauf denkbar, wenn sich ein anderes Unternehmen Wachstums- und Gewinnchancen mit der Marke ausrechnet.

Bei der Eliminierung schließlich wird die Marke inklusive all ihrer Leistungen aus dem Portfolio gestrichen. Besteht die Gefahr, dass die Käufer verärgert auf einen schlagartigen Wegfall der Marke reagieren, sollte die Kaufbereitschaft zunächst abgeschöpft werden. Beispiele für Marken, die in den letzten Jahren eliminiert wurden, sind Jako-o (Kinderkleidung), Nestea (Eistee), Punica (Fruchtsäfte), Real (Supermärkte), Wrigley's Spearmint (Kaugummis) und Viva (Musiksender).

Vielfach gehen die beiden wichtigsten Ansätze – Migration und Elimination – miteinander einher. Fallweise kommt es im Rahmen von Markenmigrationen aber auch, wie bereits gezeigt wurde, zur Einführung einer neuen Marke. Gründe für die Migration mehrerer Marken und damit insbesondere ihrer Markennamen gibt es viele. Zu den sieben wichtigsten Gründen zählen (vgl. Samland 2021, S. 49 ff.):

- die Fusion oder Übernahme von Unternehmen
- die Abspaltung, der Verkauf oder das Outsourcing von Unternehmensteilen
- der Eintritt in neue Märkte mit anderer Sprachkultur
- die Änderung des Geschäftsbereichs und der Markenbotschaft
- die Kopplung des Namens an eine mittlerweile als überholt geltende Technik
- ein mit dem Markennamen verbundener, irreparabler Imageschaden
- eine grundsätzliche strategische Neuausrichtung

Insbesondere im Rahmen globaler Markenstrategien werden häufig lokale durch international etablierte Marken ersetzt. Bei Unternehmensfusionen und -übernahmen wiederum muss festgelegt werden, ob alle beteiligten Unternehmen unter ihren bisherigen Namen fortgeführt werden oder nur eines, ob aus den Unternehmensnamen ein neuer gemeinsamer Markenname gebildet wird oder ob ein gänzlich neuer Name entwickelt werden soll.

Grundsätzlich können Markenmigrationen schrittweise mit oder ohne Erklärung des Wechsels erfolgen, aber auch abrupt ohne Kommunikation, und damit schnell und still. Dies kann z. B. der Fall sein, wenn die bisherige Marke über kein starkes oder über ein für die neue Marke irrelevantes Markenimage verfügt. In Darstellung 73 sind die vier wichtigsten Methoden des Markennamenswechsels wiedergegeben.

Dar. 73: Möglichkeiten der Markennamenswechsels

Ausgestaltung	Übernahme	Eroberung	Geburt	Neubeginn
Vorgehen	schrittweise	abrupt	schrittweise	abrupt
Ergebnis	Fortführung vorhandener Marke		Einführung neuer Marke	
Beispiel	Calgonit ⇨ Finish	Premiere ⇨ Sky	Andersen Consulting ⇨ Accenture	Viag Interkom ⇨ o2
Markenwert	hoch	hoch	gering	gering
Imagenutzung	wichtig	wichtig	unwichtig	unwichtig
Internationalisierungspotenzial	gegeben	gegeben	nicht gegeben	nicht gegeben
Zeitbedarf	hoch	gering	hoch	gering
Aufwand/Kosten	hoch	gering	hoch	hoch

Besonders wichtig ist die Wahl der richtigen Migrationsstrategie auf Unternehmensebene. Dazu bieten sich grundsätzlich vier Strategien an. Die Innovation entspricht dabei den zuvor genannten Möglichkeiten Geburt bzw. Neubeginn, die Inklusion der Übernahme bzw. Eroberung. Mit der Integration und der Separation kommen zwei weitere strategische Optionen hinzu:

- Innovation: Einführung eines neuen Markennamens
- Integration: Kombination beider Namen und/oder Logos
- Inklusion: Weiterverwendung von nur einem der beiden Namen und Logos
- Separation: Weiterverwendung beider Namen und Logos unabhängig voneinander

Insbesondere, wenn es um einen für alle klar erkennbaren Neuanfang nach einer Fusion oder Übernahme geht oder wenn die bisherigen Namen als ungeeignet erscheinen, bietet sich die Einführung eines neuen Namens an. Im Energiesektor beispielsweise ist EON aus der Fusion von VEBA und VIAG hervorgegangen, EnBW (Energie Baden-Württemberg) aus der Fusion von Badenwerk und Energie-Versorgung Schwaben (EVS). Daneben bieten sich drei grundlegende Strategien an, bei denen mindestens einer der bisherigen Markennamen weiterverwendet wird.

Vielfach kommt es, zumindest temporär und vor allem aus unternehmenspolitischen Gründen, zu einer Integration der beiden Unternehmensmarken. Bei der Fusion von Commerzbank und Dresdner Bank beispielsweise wurde der Name Commerzbank mit dem gelb eingefärbten Logo der Dresdner Bank kombiniert, bei Glaxo und SmithKline wurden die Namen zu GlaxoSmithKline verschmolzen und später als GSK abgekürzt. Nach der Fusion von Reckitt und Benckiser wiederum wurde der Name Reckitt Benckiser gewählt. Mittlerweile wurde die Marke auf Reckitt reduziert, der Firmenname selbst umfasst weiterhin beide Unternehmensnamen. Bei ThyssenKrupp wiederum ist der Name seit der Fusion unverändert geblieben. Lediglich die Gestaltung wurde mehrfach angepasst.

Eine mehrjährige Studie von Knowles et al. (2011, S. 16 f.; 2019, S. 40) zu Zusammenschlüssen von Unternehmen macht deutlich, dass sich vor allem bei der Integration und damit bei der Verschmelzung von Unternehmensmarken positive Effekte einstellen, wohingegen die Inklusion und die damit verbundenen Eliminierung von einer der beiden Marken sowie die separate Weiterführung beider Marken weniger positive Effekte nach sich ziehen (▶ Dar. 74).

Dar. 74: Strategische und finanzielle Auswirkungen von Zusammenschlüssen (Quelle: In Anlehnung an Dinner et al. 2019, S. 40)

Strategisch	**Integration**	**Inklusion**	**Separation**
Mögliche strategische Begründung	Kombination der Fähigkeiten und Kulturen der beiden Unternehmen	Wachsende Größe, Konsolidierung der Marktmacht	Diversifizierung, Erweiterung des Produkt- und Kundenportfolios
Markenwert	Wird verändert zwecks Verbesserung	Wird für eine Marke vollständig aufgegeben	Wird vollständig erhalten für beide Marken
Botschaft an alle Beteiligten	Einigkeit, Zusammenarbeit und Respekt für beide Unternehmen	Klares Statement der Dominanz des einen Unternehmens gegenüber dem anderen	Eigenständigkeit
Signal des Engagements	Stark als gleichberechtigte Partner	Stark durch Dominanz	Unklar
Finanziell	**Integration**	**Inklusion**	**Separation**
Unmittelbare Rebranding-Kosten	Hoch	Mittel	Keine oder niedrig
Laufende Kosten für die Markenpflege	Gering	Gering	Hoch
Danach erwartbares Umsatzwachstum	Neutral oder erhöht	Abgeschwächt	Neutral
Danach erwartbare Betriebskosten	Abgeschwächt	Erhöht	Erhöht

Zentrale Gründe für die Vorteilhaftigkeit, beide Namen und/oder Logos bzw. ausgewählte Logobestandteile beizubehalten, dürfte sein, dass sich sowohl die Mitarbeiter als auch die Kunden beider Unternehmen nach dem Zusammenschluss mit der »neuen« Marke besser identifizieren können, weil noch etwas von dem erhalten geblieben ist, was vorher bekannt war und möglicherweise geschätzt wurde. In Darstellung 75 sind die genannten Beispiele EON, Commerzbank und ThyssenKrupp wiedergegeben.

Dar. 75: Beispiele für Namensinnovation und teilweise bzw. vollständige Integration

Die Marken VEBA und VIAG wurden im Zuge der Migration genauso eliminiert wie die Marke Dresdner Bank. Fallweise bietet es sich an, nicht mehr benötigte Marken dennoch in einer Nische weiter zu nutzen, um den Markenschutz aufrecht zu erhalten und für eventuelle, sich später ergebende strategische Handlungsoptionen gewappnet zu sein. Die Weiterverwendung ist deshalb so bedeutsam, weil Marken einem Nutzungszwang unterlegen und bei nicht (mehr) ernsthafter Nutzung Gefahr laufen, gelöscht zu werden. Zudem besteht die Gefahr, dass die Rechte in der Folge z. B. auf einem Wettbewerber übergehen.

Insgesamt hat sich gezeigt, dass die Strategieoptionen Internationalisierung, Dehnung, Ergänzung, Auffrischung und Straffung von Marken vielfältige Möglichkeiten für qualitatives Wachstum bieten. Die optimale Ausgestaltung ist Aufgabe von Markenverantwortlichen.

C Epilog: Wer Marken managen sollte

Für ein erfolgreiches Markenmanagement sind neben den BEST IDEAS zwei Einflussfaktoren von besonderer Bedeutung. Zum einen ist es erforderlich, die drei größten Gefahren für Marken zu kennen und möglichst zu hemmen, zum anderen ist es ratsam, mit den Möglichkeiten und Grenzen des Managements von Marken vertraut zu sein.

Bei den drei größten Gefahren für Marken handelt es sich um einen neuen Chef oder eine neue Chefin des Unternehmens, um einen neuen Markenverantwortlichen, ein neues Beratungsunternehmen oder eine neue (Marketing-)Agentur. In alle drei Fällen besteht die Gefahr, dass die Marke für Profilierungsbemühungen bzw. im Fall des Dienstleisters zur Umsatz- und Profitmaximierung benutzt wird. Das führt dann meist zu teuren Änderungen auf der Werte- und/oder Designebene, meist verbunden mit Irritationen bei den Marktpartnern und Kunden.

Ein Vergleich der Marken Milka und Ritter Sport verdeutlicht exemplarisch, wie sich fehlende Kontinuität im Markenmanagement u. a. auf den Claim, das Sortiment und die Vermarktungsaktivitäten auswirkt. Während Ritter Sport seinen Claim »Quadratisch. Praktisch. Gut« seit 1970 unverändert nutzt, hat Milka seinen Markenclaim bei unveränderter Positionierung der Schokolade als »zart« innerhalb von 11 Jahren drei Mal geändert, wie bereits erläutert wurde. Davor war der Claim 30 Jahre lang der Gleiche: »Die zarteste Versuchung seit es Schokolade gibt«.

Das Produktsortiment von Milka wiederum umfasst aktuell genau doppelt so viele Artikel wie das von Ritter Sport und ist zudem deutlich weiter gedehnt: Von Tafeln und Riegeln über Küchlein und Kekse bis hin zu Eis, Pralinen und Brotaufstrich. Während Ritter Sport bis heute erfolgreich einen Flaghsip-Store in Berlin betreibt, hat Milka seinen Flagship Store in München nach wenigen Jahren wieder geschlossen. In gleicher Weise wurde die »Milka Kuh-munity« mittlerweile wieder eingestellt. Und während Milka auf Ski- und Fußballsponsoring setzt, wie Darstellung 76 zeigt, fokussiert sich Ritter Sport auf langfristige Partnerschaften mit seinen Lieferanten in Nicaragua, der Elfenbeinküste und in Ghana.

Dar. 76: Die Marken Milka und Ritter Sport im Vergleich

 vs. 		
	Milka	**Ritter Sport**
• Markenkernwert	zart (für Lutscher)	knackig (für Beißer)
• Markenclaim	Weil Zartes besser schmeckt. Im Herzen zart (2016-2021) Trau dich, zart zu sein (2011-2016) Die zarteste Versuchung seit es Schokolade gibt (1971-2011)	Quadratisch. Praktisch. Gut. (seit 1970)
• Elemente – Form – Farbe – Schrift – Schlüsselbild – Schlüsselbegriff	 rechteckig lila abgerundet lila Kuh Alpenmilch	 quadratisch bunt (verschiedene) eckig Quadrat Nachhaltigkeit
• Verpackung	auffalten	aufbrechen
• Produkte – Sortimentstiefe – Sortimentsbreite • Besonderheiten – Verpackung	 154 breit, stark gedehnt Co-Brandings variierend	 77, Etablierung Nußklasse schmal, klar fokussiert Sondereditionen Personalisierung möglich
• Umfelder – Flagship Store	 in München (geschlossen)	 in Berlin
• Medien – Werbung – Kooperationen – Community	 im TV Ski (seit 1995), Fußball (seit 2021) Kuh-munity (beendet)	 an Bahnhöfen Landwirte und Genossenschaften (seit 1990) n. a.
• Personen – Testimonials	 variierend (Prominente)	 A. Ritter (Familienunternehmen)

Eine möglichst hohe Kontinuität im Markenmanagement ist deshalb absolut ratsam. Für die Organisation gibt es dabei sechs grundlegende Optionen. Entscheidend ist, wer – idealerweise langfristig – die Verantwortung für das Markenmanagement trägt. Zum einen kann die Markenverantwortung bei einer externen Person oder Agentur bzw. Beratung liegen, was in den meisten Fällen jedoch nicht ratsam ist, zum anderen kann und sollte die Markenverantwortung möglichst intern bei einer Person oder Organisationseinheit verortet sein, z. B. einem Markenteam. In Darstellung 77 sind die sechs typischen Verantwortlichkeiten für das Markenmanagement wiedergegeben.

	1 Person*	≥ 2 Personen
Top-Management	Geschäftsführung mit Markenverantwortung	Komplettes Geschäftsführungsteam
Mittleres Management	Markenmanager/ Marketingmanager	Markenteam/ Inhouse Agency
Agentur oder Beratung	Markenberater/ Agenturmanager	Lead Agency/ Customized Agency

* mindestens eine Person als Stellvertretung

Dar. 77: Typische Verantwortlichkeiten für das Markenmanagement

Zunächst kann die Verantwortung für das Markenmanagement beim Top-Management liegen, was insbesondere bei Konsumgüterherstellern aufgrund der besonders hohen Relevanz der Marke häufig der Fall ist. Entweder wird eine Person aus dem Vorstand oder der Geschäftsführung mit der Markenverantwortung betraut oder das komplette Führungsteam trägt die Verantwortung für die Marke oder Marken gemeinsam. Fast immer liegt die Verantwortung bei der verantwortlichen Person für Marketing und Vertrieb. Bei einer Vielzahl von Marken im Unternehmen mit unterschiedlichen Ausrichtungen bietet es sich an, die Markenverantwortung kategorienbezogen verschiedenen Führungskräften zuzuordnen.

Vielfach wird die Markenverantwortung stattdessen an das mittlere Management »delegiert«, was jedoch meist der Bedeutung der Marke für das Unternehmen nicht gerecht wird. Bei vielen Industriegüterunternehmen ist das nach wie vor der Fall. Vorteilhaft daran ist, dass das operative Markenmanagement meist sehr gut funktioniert. Nachteilig dabei ist allerdings, dass die Relevanz und das Verständnis für die Marke bei den Führungskräften bei dieser Form des Markenmanagements oft eher schwach ausgeprägt ist, denn üblicherweise wird »wichtiges« nicht delegiert. Die Delegation der Verantwortung bringt somit meist eine Geringschätzung gegenüber der eigenen Marke zum Ausdruck. Unabhängig davon besteht auch hier die Möglichkeit, eine Person mit der Markenverantwortung zu betrauen oder ein Team mit dem Markenmanagement zu beauftragen, wobei im letzteren Fall bei strategischem Fokus meist ein Markenteam gewählt wird und bei kreativem Fokus eher ein Inhouse-Agentur-Ansatz.

Fallweise wird die Markenverantwortung auch an Externe vergeben, wobei zum einen ein Markenberater oder Agenturmanager mit oder ohne Mitarbeiter zum Zuge kommen kann, zum anderen eine Lead oder Customized Agency. In Darstellung 78 sind die drei genannten Agenturtypen Inhouse, Lead und Customized Agency kurz erläutert.

Dar. 78: Definition der Agenturtypen Inhouse, Customized und Lead Agency

Agenturtyp	**Deutsche Bezeichnung**	**Erläutertung**
Inhouse Agency	Eigene (interne) Agentur	Die Agentur ist Teil des Unternehmens, wobei ihr meist mehr Freiraum eingeräumt wird als anderen Abteilungen, um »freier« und kreativer arbeiten zu können.
Customized Agency	Kundenspezifische (maßgeschneiderte) Agentur	Die Agentur wird eigens für ein Unternehmen gegründet, bleibt aber meist rechtlich unabhängig und eigenständig, fallweise kommt es auch zum gemeinsamen Besitz.
Lead Agency	Federführende (leitende) Agentur	Die Agentur ist für den kompletten Außenauftritt des Unternehmens verantwortlich und koordiniert eine Reihe vom Unternehmen beauftragter Spezialagenturen.

Im Kontext der Verantwortung für eine Marke gilt es die Grenzen der Verantwortungsmöglichkeiten für das Markenmanagement zu akzeptieren und zu respektieren. Einerseits gehört dem Unternehmen die Marke. Konkret besitzt das Unternehmen das Recht an der eingetragenen Marke und kann die Marke profilieren und positionieren, wie es möchte. Was das Unternehmen allerdings nicht besitzt, ist das Wissen, das Lieferanten, Partner und Kunden, aber auch die Politik und die Gesellschaft als Ganzes über eine Marke mit der Zeit erinnert haben, weil sich ein Teil der Vermittlung des Markenwissens ihrer Kontrolle entzieht. Was mit dem Markenmanagement immer angestrebt wird, ist deshalb zweierlei:

- Schritt 1: Hohe Bekanntheit in den relevanten Zielgruppen
- Schritt 2: Positives Image bei den relevanten Zielgruppen

Auf diese Weise nimmt jedes Unternehmen fast immer maßgeblich Einfluss auf das Markenwissen der Kunden und weiterer Interessengruppen. Die Wahrnehmung lässt sich allerdings nicht vollumfänglich steuern, da Wettbewerber häufige abweichende Signale senden und Kunden eigene Erfahrungen sammeln, die sie heute vermehrt mit ihren Freunden und Bekannten sowie öffentlich mit allen online teilen.

Von zentraler Bedeutung für die Markenwahrnehmung sind nach wie vor die Menschen, egal ob als Mitarbeiter, Kunde oder Wettbewerber. Für die eigenen Mitarbeiter gilt: Jeder Mitarbeiter ist stets Markenbotschafter. Wer von Dritten einem Unternehmen bzw. einer Marke zugeordnet wird, wird automatisch als Repräsentant der Marke aufgefasst. Was er oder sie sagt, sagt im Prinzip die Marke. Deshalb ist es für Unternehmen extrem wichtig, allen Mitarbeitern klarzumachen, wofür die eigene Marke steht – und wofür nicht. Denn am Ende entscheiden die verantwortlichen Personen eines Unternehmens nicht darüber, ob Mitarbeiter Markenbotschafter sind, sondern nur, ob sie gute oder schlechte Botschafter der Marke sind. Für das erfolgreiche Management von Marken braucht es deshalb Weitsicht und BEST IDEAS!

Die 12 Erfolgsfaktoren erfolgreichen Markenmanagements kompakt erklärt

!	**Wichtigkeit**	Marken sind wichtig. Sie gelten als wirkungsvolle Bewerbermagnete, lassen sich zeitlich unbegrenzt rechtlich schützen, stellen im Schnitt 49 % des Unternehmenswertes dar, erzielen eine um bis zu 150 % höhere Rendite und erreichen ein Preis-/Mengenpremium von bis zu 140 % am Markt.
●	**Ansatz**	Der Würzburger Markenmanagement-Ansatz umfasst, als erster Ansatz überhaupt, alle zentralen Aspekte der Markenentwicklung und des Markenwachstums. Die neun zentralen Erfolgsbausteine Botschaft, Elemente, Signale und Taxierung sowie Internationalisierung, Dehnung, Erweiterung, Auffrischung und Straffung bilden zusammen das Akronym BEST IDEAS.
B	**Botschaft**	Die Botschaft einer Marke zeigt sich in ihrem Charakter, der anhand der fünf Marken Ps Purpose, Profil, Produkt, Positionierung und Perspektive beschrieben werden kann. Bei der Positionierung kann beispielsweise zwischen marken- und marktbezogenen Positionierungsoptionen unterschieden werden.
E	**Elemente**	Die Elemente einer Marke, auch als Design- und Gestaltungselemente bezeichnet, lassen sich in primäre und sekundäre Markenelemente unterteilen. Während primäre Markenelemente, z. B. Name, Claim und Logo, dem Unternehmen gehören, sind sekundäre Markenelemente, wie ein prominenter Influencer oder ein Co-Branding-Partner, eigenständige Entitäten, die den Markenauftritt bereichern.
S	**Signale**	Die Signale einer Marke ergeben sich aus der Kombination mehrerer, meist mono- oder duosensualer Markenelemente. Markensignale selbst sind meist multisensual, wobei zwischen Produkten, Umfeldern, Medien und Personen unterschieden werden kann. Signale erzeugen markenkonforme Eindrücke und Erlebnisse an den verschiedenen Touchpoints der Marke.
T	**Taxierung**	Die Taxierung einer Marke kann zum einen qualitativ erfolgen mit dem Ziel, die Markenstärke aus Kundensicht zu erfassen. Zum anderen kann die Markentaxierung auch quantitativ erfolgen und den monetären Markenwert anhand des markenrelevanten Umsatzes, des markenspezifischen Preis-Mengen-Premiums und der spezifischen Investitionen und Risiken ermitteln, die mit der Marke verbunden sind.

I	**Internationali-sierung**	Die Internationalisierung einer Marke als geographische Form der Markendehnung hat zum Ziel, eine Marke kulturübergreifend erfolgreich zu machen. Neben einer globalen und einer multinationalen Markenstrategie mit reichlich Standardisierung bzw. Differenzierung können Mischstrategien genutzt werden, um Marken kulturell anschlussfähig zu gestalten und erfolgreich zu managen.
D	**Dehnung**	Die Dehnung einer Marke erfolgt meist horizontal oder vertikal in Form von Linienerweiterungen innerhalb einer Kategorie oder Markenerweiterungen, die darüber hinausgehen. Wichtig dabei ist, eine Marke nicht zu überdehnen, was meist der Fall ist, wenn die Kunden bei einer neuen Leistung keine Verbindung mehr zu einer vertrauten Marke herstellen können.
E	**Erweiterung**	Die Ergänzung einer Marke kann zum einen durch eine neue Marke erfolgen, zum anderen durch eine Allianz mit einer anderen Marke. Eigene neue Marken führen automatisch zu einem Mehrmarkensystem, das geschickt gemanagt werden muss. Bei Markenallianzen wiederum kann zwischen 15 Arten unterschieden werden, u. a. Co-Branding und Allianzen mit Influencern.
A	**Auffrischung**	Die Auffrischung einer Marke erfolgt in den meisten Fällen über eine mehr oder weniger umfangreiche Anpassung des bisherigen Markenauftritts. Typische Ansatzpunkte für einen Relaunch sind Änderungen der Botschaft, des Namens, der Elemente und/oder Signale der Marke. Demgegenüber sind Revivals rar und nur selten erfolgreich.
S	**Straffung**	Die Straffung von Marken wird notwendig, wenn das Markenportfolio aus Unternehmenssicht zu umfangreich geworden ist. Mögliche Ansatzpunkte sind die Migration, der Verkauf, die Abschöpfung und die Eliminierung von Marken. Sowohl auf Leistungs- als auch auf Unternehmensebene bieten sich jeweils vier mögliche Vorgehensweisen an.
✓	**Management**	Der Erfolg des Markenmanagements hängt primär von den verantwortlichen Personen ab, die idealerweise Führungskraft oder Mitarbeiter im Unternehmen sind, fallweise aber auch außerhalb verortet sein können. Dabei können sechs typische Verantwortlichkeiten unterschieden werden. Zentrale Aufgabe ist es, die Marken des Unternehmens mit Weitblick und BEST IDEAS erfolgreich zu managen.

Literaturverzeichnis

Aaker, D. A., Joachimsthaler, E. (2000). Brand Leadership. New York: The Free Press.

Ansoff, H. I. (1965). Corporate Strategy. New York: McGraw-Hill.

Brandtner, M. (2021). Radikale Markenfokussierung. Wien: Linde Verlag.

Brandtner, M. (2023). »Deine Brille: Fielmann«: Persönlicher, aber psychologisch schwächer, 13. November, online: https://brandtneronbranding.com/2023/11/13/deine-brille-fielmann-personlicher-aber-psychologisch-schwacher/ (Abruf am 04.12.2023).

Caspar, M., Hecker, A., Sabel, T. (2002): Markenrelevanz in der Unternehmensführung – Messung, Erklärung und empirische Befunde für B2B-Märkte (Arbeitspapier Nr. 4). Münster: Marketing Center Munster, McKinsey & Company.

Dietzold, L., Meier-Kortwig, H. (2023). Deutscher Markenmonitor 2023/2024, Juni, online: https://www.deutscher-markenmonitor.de/download-gesamte-studie (Abruf am 02.12.2023).

Dinner, I. M., Knowles, J., Mizik, N., Pavlov, E. (2019). Branding a Merger: Implications for Merger Valuation and Future Performance. *SSRN-Paper*, 18. Januar, online: https://papers.ssrn.com/sol3/papers.cfm?abstract_id=1756368 (Abruf am 04.12.2023)

Domestos (2023). Unsere Mission, online: https://domestos.de/unsere-mission/ (Abruf am 02.12.2023).

Feddersen, C. (2010). Repositionierung von Marken. Wiesbaden: Gabler Research.

Freundt, T., Lehmann, S., Liedtke, N., Perrey, J. (2021). Mega-Macht Marke, bleibende Werte in wechselvollen Zeiten. Neuauflage. München: Redline.

Frosch (2023). Die Marke Frosch, online: https://frosch.de/de/ueber-frosch/ (Abruf am 04.12.2023).

Gassmann, O., Frankenberger, K., Choudury, M. (2021). Geschäftsmodelle entwickeln: 55+ innovative Konzepte mit dem St. Galler Business Model Navigator (3. Aufl.). München: Carl Hanser Verlag.

Gierl, H., Schweidler, J. (2010). Der Atmosphärenwert von Schrift. In Transfer – Werbeforschung & Praxis, 56(3), 6-20.

Homburg, C. (2020). Marketingmanagement. 7. Aufl. Wiesbaden: Springer Gabler.

IfD Allensbach (2023). Allensbacher Markt- und Werbeträgeranalyse (AWA) 1991-2023, teilweise unveröffentlichte Studienergebnisse.

Kapferer, J. N. (2012): The New Strategic Brand Management, Advanced Insights & Strategic Thinking. 4. Aufl. Kogan Page: London.

Kilian, K. (2019a). BEST of Branding für Start-ups. In C. Kochhan, T. Könecke, H. Schunk (Hrsg.), *Marken und Start-ups, Markenmanagement und Kommunikation bei Unternehmensgründungen* (S. 55-84). Wiesbaden: Springer Gabler.

Kilian, K. (2019b). Multisensuale Markenführung: Marken mit allen Sinnen erlebbar machen. In F.-R. Esch (Hrsg.), *Handbuch Markenführung* (S. 759-772). Band 1, Wiesbaden: Springer Gabler.

Kilian, K. (2020a). Wie Farben und Formen, Schriften und Schlüsselbilder sowie Materialien Marken prägen können. *Transfer – Zeitschrift für Kommunikation und Markenmanagement, 66* (2), 36-42.

Kilian, K. (2020b). Mehr Erfolg mit Purpose und Haltung. *Marke 41 – das Marketingjournal, 13* (1), 54-58.

Kilian, K. (2021). BEST IDEAS für Wachstumsstrategien von Marken. *Transfer – Zeitschrift für Kommunikation und Markenmanagement, 67*(4), 84-87.

Kilian, K. (2022a). Der Purpose prägt den Wert und die Werte von Unternehmen. Entrepreneur, Ausgabe Marke, Oktober, online: https://www.roedl.de/themen/entrepreneur/marke/purpose-zweck-unternehmen-wert-arbeitgeber (Abruf am 04.12.2023).

Kilian, K. (2022b). BEST IDEAS für mehr Markenerfolg. *Markenartikel, 84*(4), 40-43.

Kilian, K. (2022c). Influencer-Marketing. In E. Theobald, B. Gaiser (Hrsg.), *Brand Evolution, Moderne Markenführung im digitalen Zeitalter* (S. 457-490). 3. Aufl. Wiesbaden: Springer Gabler.

Kilian, K. (2023). Marke machen! Wie erfolgreiches Markenmanagement funktioniert. Bonn: Rheinwerk Computing.

Kilian, K. (2024). Influencer-Marketing. In S. Dänzler, T. Heun (Hrsg.), *Marke und digitale Medien, Der Wandel des Markenkonzepts im 21. Jahrhundert* (in Druck). 3. Aufl. Wiesbaden: Springer

Kilian, K., Brummer, J. (2024). Das Mehrmarken-Managementsystem. *Transfer - Zeitschrift für Kommunikation und Markenmanagement, 70*(2), (in Druck).

Kilian, K., Dugmore, V. (2024). Pinpoint Your Purpose - Charakterisierung, Typologisierung und Entwicklung von Purpose-Statements. *Transfer - Zeitschrift für Kommunikation und Markenmanagement, 70*(1), (in Druck).

Kilian, K., Kreutzer, R. T. (2022). Digitale Markenführung, Digital Branding in Zeiten divergierender Märkte. Wiesbaden: Springer Gabler.

Kilian, K., Miklis, M. A. (2020). Purpose im Marketing - erfolgreicher mit sinnstiftendem Unternehmenszweck. In M. Stumpf (Hrsg.), Die 10 wichtigsten Zukunftsthemen im Marketing (S. 20-45). Freiburg et al.: Haufe.

Knowles, J., Dinner, I., Mizik, N. (2011). Sage mir Deinen Namen ..., *Harvard Business Manager*, November, S. 16-17.

Knowles, J., Hunsaker, B. T., Grove, H., James, A. (2022). What Is the Purpose of Your Purpose? Your why may not be what you think it is. Harvard Business Review, März/April, S. 36-43.

KOFA (2019). Wie Unternehmen trotz Fachkräftemangel Mitarbeiter finden, Nr. 1, online: https://www.kofa.de/media/Publikationen/Studien/1_2019_Engpasstalente.pdf (Abruf am 01.12.2023).

Korthaus, C. (2022). Grundkurs Grafik und Gestaltung. 5. Aufl. Bonn: Rheinwerk Verlag.

Küthe, E., Küthe, F. (2002). Marketing mit Farben, Gelb wie der Frosch. Wiesbaden: Gabler.

McLuhan, M. (1964). Understanding Media. The extensions of man. London: Routledge.

Perrey, J., Meyer, T. (2011). Mega-Macht Marke - Erfolg messen, machen, managen. 3. Aufl. München: Redline.

Randstad (2023). Deutschland - Länderreport Employer Branding Research 2023, online: https://www.randstad.de/s3fs-media/de/public/2023-05/randstad-employer-brand-research-laenderreport-deutschland-2023.pdf (Abruf am 01.12.2023).

Redler, J., Esch, F.-R. (2019). Management von Markenallianzen. In F.-R. Esch (Hrsg.), Handbuch Markenführung (S. 459-484). Wiesbaden: Springer Gabler.

Ries, A., Trout, J. (2001). Positioning. The battle for your mind. New York: McGraw-Hill.

Romaniuk, J. (2018). Building Distinctive Brand Assets. South Melbourne: Oxford University Press.

Samland, B. M. (2021). Change als Chance. Wann sollte man den Markennamen wechseln - und wann auf keinen Fall? *Absatzwirtschaft, 64*(12), 48-51.

Sattler, H. (2005). Markenstrategien für neue Produkte. In F.-R. Esch (Hrsg.), Moderne Markenführung (S. 365-383). 3. Aufl. Wiesbaden: Gabler.

Simon, H. (2021). Hidden Champions. Die neuen Spielregeln im chinesischen Jahrhundert. Frankfurt/New York: Campus Verlag.

Sinek, S. (2009). Start with why. How great leaders inspire everyone to take action. New York: Penguin.

Steiner, P. (2023). Quick Guide Visuelles Marketing. Wiesbaden: Springer Gabler.